제주 4·3과 의료인들

"여러분의 참여로 이 책이 태어납니다.
씨앗과 햇살이 되어주신 분들, 참 고맙습니다."

강윤재 강지언 고동환 고석용 김나연 김미정 김봉구 김새롬 김성아 김일환 김정은 김철헌 김철환 김태희 김혜준 나동규 박기호 박소연 박소현 박주석 박찬호 박혜경 백영경 백재중 성창기 수리야 신동호 신영전 신현정 심재식 안화영 오명심 오현석 유영초 유한목 윤철상 이강록 이미지 이민홍 이상언 이준호 이행 이현아 이화영 이희영 임종길 임종철 장준분 장창현 전경림 정동만 정백근 정선화 조원경 최규진 최호영 최효옥 한송희 현승은 홍선화 황성숙 인권의학연구소   (62)

제주 4·3과 의료인들

백재중 지음

추천 글

기억되어야 할
인간의 얼굴

강창일

전 4·3연구소 소장, 17 18 19 20대 국회의원

『제주 4·3과 의료인들』은 '제주 4·3'의 숨겨진 장을 새롭게 밝혀 주는 귀한 기록이다. 우리는 '제주 4·3'을 말할 때, 무장대와 토벌대, 민간인 희생과 진상 규명이라는 거대한 서사에 집중해 왔다.

하지만 이 책은 그 거센 소용돌이 속에서도 '의료'라는 본질적이고 인간적인 행위를 포기하지 않은 의료인들의 고난과 헌신, 그리고 이념의 경계를 넘어 환자를 돌본 인간적 윤리를 조명한다. 아날 학파가 얘기하는 미세역사학의 진수를 보여주는 작업이라 하겠다.

저자는 일제강점기부터 해방, '4·3항쟁', 한국전쟁, 그리고 오늘날의 치유 노력에 이르기까지, 시간의 흐름을 따라 제주 의료계의 궤적을 추적한다. 초창기 의생 제도와 한지의사, 여성 간호사와 산파의 등장, 재일제주 의료인의 활동까지 아우르며, 방대한 사료를 바탕으로 치밀하게 서술한다.

'4·3항쟁' 당시 제주에는 의료인이 200명도 채 되지 않았다. 그들은 이념을 넘어 무장대든 토벌대든 가리지 않고 치료했지만, 그로 인해 '내통 혐의'를 받아 목숨을 잃기도 했다. 그럼에도 불구하고, 그들은 자리를 떠나지 않았다.

누군가는 남로당 활동가로, 누군가는 대동청년단으로, 또 누군가는 오직 사람을 살리겠다는 사명 하나로 '4·3'의 광풍 속에 우뚝 섰다. 이 책은 그들의 선택이 윤리이고 정의였으며, 기억되어야 할 인간의 얼굴이었음을 말한다.

책은 당시 제주지역에서 활동하던 의사, 간호사, 약제사, 약종상 등의 역할과 희생을 역사적 서사로 풀어내며, 의료인의 윤리적 책무와 제주사회의 집단적 아픔을 연결한다. 특히 여의사, 간호사, 산파 등 여성 의료인의 활약을 상세히 기술하며, 일제강점기와 8·15 직후의 여성해방적 상황까지 함께 고찰한다.

이 책은 '4·3'의 다층적 이해를 위해 의료인의 시각을 도입함으로 '기억·책임·치유'라는 화두를 다시금 우리 사회에 제기한다. 그리하여 거대한 의의를 갖는다.

『제주 4·3과 의료인들』은 정치와 이념으로만 접근해 온 '4·3'의 기억을 넘어선다. '의료'라는 인간적 윤리를 통해 '4·3'을 다시 묻고, 다시 기억하게 한다. 생명과 정의, 인간성과 침묵 사이에서 '무엇이 옳은가'를 깊이 고민하게 만든다.
단순한 의료사 복원이 아니다. '4·3'이라는 민중사의 중심에서 의사, 간호사, 약제사, 산파들이 겪은 고통과 선택, 윤리와 연민을 온전한 언어로 기록하는 첫 시도다.

'제주 4·3'의 진실을 더 깊이 이해하고자 하는 우리 모두에게 이 책은 반드시 읽혀야 할 귀중한 증언이다. 아울러 자료로서 길이 생존해야 할 소중한 기록이다.
'4·3' 진상규명과 명예 회복의 길에 청춘을 보낸 한 사람으로서, 또한 역사학자로서 이 책의 출간을 진심으로 환영한다. 그리고 이 자리를 빌려 감사 인사 드린다.

2025년 8월

추천 글

질문하고
주목한다

이화영

사단법인 인권의학연구소 소장

저자는 이 책에서 질문한다. '제주 4·3항쟁의 격동기에 제주 지역 의료인들은 어디에 있었을까?'

광기 어린 4·3학살이 진행되는 동안 일반인과 마찬가지로 의료인들도 희생되었다.

제주의 의료인들은 무장대든 토벌대든 가리지 않고 부상자를 치료했지만, 적과 내통하는지 감시당하고 때로 처형되었다고 이 책은 기록한다. 그러나, 지금까지 의료계를 비롯한 우리 사회는 제주 4·3항쟁 당시 제주 의료인의 활동과 희생에 대해 주목하지 못했다.

이 책은 제주 4·3항쟁을 관통하면서 제주 의료인들의 고민, 선택, 행동 그리고 희생을 소개한다. 외부의 압력에도 불구하고 환자를 위해 최선을 다해야 했던 의료 전문가적 책임이 역사 현장 속에 생생하다.

의학사, 의료윤리 및 인권의학 관련 의료인들뿐 아니라 제주 4·3항쟁과 같은 국가 폭력, 제노사이드에 관심 갖는 이들이 결코 놓쳐서는 안 될 소중한 자료다.

느꺼운 마음으로 추천한다.

2025년 8월

차례

추천글 기억되어야 할 인간의 얼굴 _ 강창일 ○ 04
추천글 질문하고 주목한다 _ 이화영 ○ 07
들어가는 글 ○ 12

1장 일제강점기 제주사회와 의료계

일제강점기 제주사회 ○ 19   의료계 현황 ○ 31
항일독립운동과 제주 의료인들 ○ 41   일제강점기 재일제주인 ○ 50

2장 해방 후 격동하는 제주사회와 의료계

해방 정국에서 제주사회의 대응 ○ 62   콜레라 유행과 방역 활동 ○ 70
해방 직후 의료계 현황 ○ 77   당시 의료기관과 의료인들 ○ 82
보건소와 적십자사 ○ 92

3장 1947년 3월 1일의 총성

민주주의민족전선(민전)의 결성 ○ 98   3·1 사건과 3·10 민관 총파업 ○ 101

도지사 유해진과 서북청년단의 횡포 ○ 111   유해진에 대한 특별감찰 ○ 117

1948년 3월 고문치사 사건 ○ 126

4장 1948년 4월 3일의 봉기

솟아오르는 첫 봉화 ○ 140   4·28 평화협상 ○ 141   박진경의 암살 ○ 146

송요찬과 경비사령부 설치 ○ 149   여수 순천 사건 ○ 154

포고문과 계엄령 선포 ○ 157   제주농업학교 천막수용소 ○ 160

초토화 작전 ○ 171   두 번의 군법회의(군사재판) ○ 191   무장대의 의료 ○ 194

5장 한국전쟁 발발과 제주 민간인 학살

예비검속 ○ 202   제주도 유지사건 ○ 208   제주 주둔 군대와 군 병원 ○ 211

제주 청년의 군 입대 ○ 220   밀려드는 피난민 ○ 221   한라산 금족령의 해제 ○ 229

6장 끝나지 않은 4·3

육지 형무소에 수감된 제주인들 ○ 236　**연좌제** ○ 250

디아스포라, 재일제주인 ○ 252　**재일제주인들의 고향 지원** ○ 259

조작 간첩 사건, 끝나지 않은 비극 ○ 260　**북으로 간 제주인들** ○ 264

7장 치유와 회복을 위한 여정

기나긴 침묵 ○ 270　**시작되는 4·3 이야기** ○ 272

생존 희생자의 트라우마 치유 ○ 274　**기억해야 할 가해자** ○ 278

제주 4·3과 의료계 ○ 279　**4·3 기간 제주 의료인들의 희생과 피해** ○ 283

[표 13] 4·3 기간 제주 의료인들의 희생과 피해 ○ 286

여미는 글　진혼과 치유를 위하여 ○ 290

참고문헌 ○ 294

들어가는 글

제주 4·3항쟁에 대한 서술은 다양한 방식으로 가능하다. 정치사의 일환으로 서술하기도 하고, 피해 여성의 관점 서술도 가능하고, 초토화한 어느 마을의 변화를 중심으로 살펴보기도 한다. 종교, 교육, 언론의 관점으로도 두루 살핀다.

이 책에서는 그동안 보지 못한 의료계의 시각에서 4·3을 돌아보고자 한다. 해방 후 일본 의료인들이 대거 빠져나가면서 제주에도 의료 분야에 공백이 생긴다. 의료 분야는 금방 인력을 채우기가 불가능한 전문 영역이므로 의료인 소수가 공백을 메워야 하는 어려운 상황이었다.

미 군정 아래 식량 부족과 이어서 닥친 콜레라 유행은 도민 건강에 막대한 위험으로 다가왔다. 의료인들의 헌신과 도민들의 노력으로 이 위기를 이겨내자마자 4·3이라는 광풍이 섬을 덮쳤다.

학살자들의 광기에 도민들은 목숨을 잃어야 했다. 행방이 사라진 사람들이 허다했다. 죽음을 확인하는 것조차 어려웠다. 밭두렁에, 산골에, 바다에 시신들이 흩어졌다.

광기의 시대에 제주 의료인들은 어떤 생각을 하면서 어떻게 처신했을까? 제주 4·3항쟁 속에서 제주 의료인들의 고뇌와 대응을 살펴보는 것이 이 책의 목적 중 하나다.

의료인들은 한라산 무장대의 일원으로 참여하거나 남로당의 핵심으로 활동했다. 우파 단체인 대동청년단에서 적극적으로 활동한 의사도 보인다. 지역사회 엘리트 신분으로 해방 후 더 나은 사회 건설을 위해 노력하다 제주사회가 혼란한 상황으로 빨려 들어가면서 이를 수습하기 위해 안간힘을 쓰던 이들도 존재한다.

4·3 학살극이 자행되는 동안 제주 의료인들도 여느 도민들과 마찬가지로 희생되었다. 재판도 하지 않은 채 총살당하고, 제주 앞바다에 수장당하고, 총살 후 공항 터에 암매장되었다.

행방을 알지 못할 이들도 많다. 육지 형무소에서 징역을 살다가 학살되거나 출옥 후 행방이 확인되지 않는다. 일본으로 밀항하거나 육지로 피신하기도 하였다. 군대 입대하여 위험을 모면하기도 했다. 강제 결혼 당한 간호사도 보인다.

의료인들조차 목숨을 보장받기 어려운 상황에서도 많은 의료인은 진료 현장을 지키며 도민들의 건강을 돌보기 위해 노력했다. 적은 인력으로 도민들의 부상과 질병에 대처해야 했다. 중산간 마을들이 소개되면서 해안마을로 내려온 피난민들의 상처를 보듬어야 했다.

한국전쟁의 여파로 제주로 밀려들어온 육지 피난민들을 돌보기 위해 이리저리 뛰어다녔다. 무장대든 토벌대든 가리지 않고 환자를 치료하지만 무장대와 내통 위험을 가진다며 감시 당하고, 같은 이유로 처형되었다.

제주 4·3항쟁 시작 무렵 도내에는 의사(의사, 한지의사限地醫師[01], 의생醫生[02], 치과의사)가 50명 안팎, 간호사(간호원) 10명 이내, 약사(약제사) 1명 그리고 제한적으로 약 판매가 가능한 약종상이 130여 명이었다. 전부 다 합쳐도 200명이 넘지 않는다.

이 책은 20세기 들어 1901년 제주민중항쟁[03]부터 일제강점기, 해방, 4·3항쟁, 한국전쟁 그리고 4·3 치유 과정까지 시간

---

01. 정규 의사가 아니지만 특정지역에서 의료행위를 하도록 면허를 받은 자
02. 일제는 '의생'이라는 새로운 직제를 만들고 1914년 1월 1일부로 '의생' 명부에 이름을 올리지 않는 전통의사의 의료행위를 법으로 금함. 의사들의 지휘를 받게 하는 동시에 경찰 통제 아래 조선의 위생사업에 동원할 인력을 차출할 목적이었음. 당시 우여곡절 끝에 명부에 이름을 올린 조선인은 5,813명
03. 이재수의 난, 신축항쟁으로도 불림. 현기영의 장편소설 『변방에 우짖는 새』(창비 1983)는 이를 배경으로 함. 1999년 이정재, 심은하 주연 영화 「이재수의 난」이 제작 상영됨

4·3 당시 제주 행정구역

의 흐름을 따라 서술하였다.

 아울러 각 시기마다 역사적으로 중요한 사항과 이에 대응하는 제주 의료계의 활동 그리고 의료인들의 희생에 대해 서술하였다. 마지막에는 제주 의료인들의 피해와 희생을 표로 정리하여 알기 쉽도록 했다.

 수많은 자료를 살펴보아도 알지 못할 공백들이 크다. 차차 더욱 보완되어 온전한 내용이 담기기를 고대한다.

1장

일제강점기 제주사회와 의료계

20세기 들어서만 제주에서는 세 차례의 무장봉기가 일어났다. 1901년 제주민중항쟁, 1918년 법정사 무장투쟁, 1947-1954년 제주 4·3항쟁이다.

무장봉기는 억압과 탄압이 극악하고 막다른 처지에 내몰려 다른 대응 방법을 찾지 못할 때 마지막으로 선택하는 저항 방식이다. 희생이 따른다.

제주는 섬이다. 섬은 철저히 고립된 공간으로, 억압하고 탄압하는 자는 다른 사람의 눈치를 보지 않아도 되고 피해자는 도망칠 곳을 찾지 못한 채 쫓기게 된다.

1901년 제주민중항쟁은 천주교 신도들과 지방 권력자들의 횡포에 대항하여 주민들이 봉기하고, 법정사 무장투쟁은 일본 제국주의 억압에 대한 저항이었다. 그리고 제주 4·3항쟁은 중앙의 국가권력과 백색 테러단의 폭력에 맞선 전 도민의 항쟁이었다.

일제강점기 제주사회

20세기가 시작하자마자 제주는 혼란의 한복판으로 들어갔다. 당시 제주에 들어온 프랑스 신부들과 천주교 신자들은 제주의 문화와 정서를 이해 못 하고 신당을 미신이라며 파괴하고 관과 결탁해 금품을 갈취하고 심지어 성범죄까지 저질렀다. 일부 천주교 신도들이 신효 마을 유지와 친지들을 잡아 교당에 가두고 고문하다 죽이는 사건이 발생한다.

이에 분노한 주민들이 천주교도들을 공격하면서 충돌이 발생했다. 천주교도들도 무장하고 총을 쏴서 주민이 사망하는 일이 벌어졌다.

이에 마을의 신임을 받던 이재수(1877-1901)가 장두가 되어 무장봉기를 일으켰다.

1901년 5월 6일부터 7월 18일까지 약 2개월 동안 이어졌다. 천주교인 308명, 평민 8명 등 모두 316명이 희생된다. 봉기는 정부군에 의하여 진압당하고 이재수는 서울로 압송되어 그해

10월 10일 처형당한다.[01]

어수선한 분위기에서 일제 강점이 시작된다. 1906년 통감부가 설치되면서 일제의 침탈 정책이 본격화된다. 1915년 도제島制를 실시하면서 군수가 사라지고 도사島司가 경찰서장을 겸한다. 실질적인 통치권자에 일본인이 배치된다. 초대 도사 '이마무라'에서 1945년 '센다'까지 강점기 제주에는 10명의 일본인 도사가 다녀갔다.

제주에서 3·1운동보다 5개월 먼저 법정사 항일운동이 일어났다. 1918년 10월 7일 승려들을 중심으로 신도와 선도교도, 민간인 등 700여 명이 단체로 무장하고 이틀간 중문 주재소 등을 공격해 불살랐다. 일제에 대한 저항이었다. 이는 제주지역 최초이자 1910년대 전국 최대 규모의 무장 항일운동이었다.

의생 정구용(1880-1941)은 법정사 항일운동을 주도한 핵심 인물이다. 주지 김연일과 함께 반일 반외세를 기치로 항일 비밀결사를 결성한 후 독립을 주장했다. 정구용은 경북 출생으로 경주 기림사에 거하다가 제주 출신 방동화[02]의 권유로 제

---

01. 강창일 「1901년의 제주도민 항쟁에 대하여」 『제주도사연구』 창간호, 제주도사연구회 1991
02. 관음사 승려였던 김석윤과 강창규가 자신들의 스승인 박만하가 거하던 경주 기림사로 한학을 배우던 방동화를 보냄. 방동화는 기림사에서 출가하여 승려 김연일, 정구용 등과 함께 제주에 들어와

1900년대 관덕정 앞 운구행렬

주에 들어와 1914년경부터 법정사에서 활동했다.

신도들에게 항일 의식을 심어주고 법정사 항일운동 때는 격문을 작성하고 주민을 독려하여 참여시키는 데 앞장섰다. 1923년 체포돼 3년 형을 선고받았고, 출소 후에는 경북 포항의 보경사를 중심으로 독립운동을 이어갔다.

이어서 1919년 3월 조천 만세운동이 발생한다. 전국적으로 3·1운동이 확대되자 조선총독부는 시위 차단을 위해 중등학교 이상의 학교에 휴교령을 내렸다. 휘문고등학교에 재학 중이던 조천 출신 김장환이 「독립선언서」를 몰래 숨기고 귀향해 서울의 시위 소식을 알렸다.

조천의 유림 세력들도 육지의 독립운동 소식을 접하고 움직임을 모색하던 때였다. 김장환, 김시범, 김시은 등이 거사 결행을 다짐하고 21일 아침 미밋동산에서 「독립선언서」를 낭독했다. 김장환의 선창으로 대한독립 만세를 외치며 조천 비석거리까지 행진한다. 이날부터 매일 시위가 계속되어 24일 조천면 장날에는 시위자가 1천 5백여 명에 달한다. 이후 만세운동에 가담한 23명이 검거되어 재판을 받았다.

법정사에서 활동

정구용에 대한 일제의 판결문

'항일운동 송치자 66인 형사사건 수형인 명부'(좌열 10행에 정구용) @서귀포자연휴양림

1920년 7월부터 10월까지, 4개월 동안 창궐한 콜레라로 도민 4,134명이 사망한다. 제주에서의 콜레라 유행과 이에 따른 희생은 재앙 수준이었다.

1920년 7월 14일부터 제주에 입항하는 선박에 대한 검역이 시작되었다. 하지만 8월 들어 콜레라 환자가 발생되면서 빠른 속도로 확산한다. 방역이 붕괴 상황까지 치닫다가 대대적인 방역 물자와 의료인력 투입으로 9월 중순 들어 기세가 꺾이고 10월 초에야 완전히 퇴치되었다.

[표 1] 1920년 콜레라 발생 시 전국 대비 제주 현황[03]

구분	전국	제주	전국 대비 제주 비중
인구	17,854,109명	201,338명	1.12%
환자	24,229명	9,434명	38.93%
사망자	13,568명	4,134명	30.46%

제주의 인구 대비 콜레라 환자 발생과 사망자 수가 다른 지역에 비해 절대적으로 높았다. [표 1]은 제주지역의 피해가 가장 극심했음을 보여준다. 당시 제주지역의 방역과 의료 자원 및 시설이 얼마나 열악했는지 나타나는 대목이다.

03. 고경호 「일제강점기 제주지역 의료인의 활동 연구」 석사학위 논문, 제주대학교대학원 사학과 2021

1923년에는 제주와 오사카를 잇는 정기 직항로가 개설되어 연락선 군대환君が代丸(기미가요마루)이 운항된다. 이 직항로의 개설은 제주사회에 큰 변화를 불러온다. 제주도의 농축수산물이 일본으로 수출되고, 양식과 일용잡화가 일본으로부터 수입된다.

먼 곳으로 일하러 나가는 '출가노동'이 이어진다. 1922년 자유도항제 실시로 일본으로 건너가기 시작한 도민들 수는 1934년 5만 명을 넘어선다. 전체 제주도 인구의 25%에 달하는 숫자다. 오사카를 중심으로 재일제주인 사회가 본격적으로 형성되기 시작한다.

1931년 제주 해녀 항일운동이 발생한다. 이는 1931년부터 이듬해 1월까지 약 3개월에 걸쳐 궐기한 투쟁이다. 일제강점기 전국에서 벌어진 항쟁 중 유일한 여성 주도 항일운동이며 1930년대에 일어난 최대 규모의 항일운동이었다.

1920년 4월 16일 해녀들은 권익 보호를 위해 해녀어업조합을 결성한다. 1920년대 중반부터 조합장을 제주도사가 겸임하면서 횡포가 심해진다. 그런 중 1930년 성산포에서 해녀조합의 일본인 관리들이 우뭇가사리의 시세를 무시하고 반값으로 매입하는 횡포를 부리고 1931년 하도리에서도 턱없이 낮게 수산물 가격을 책정하였다. 해녀들은 별도의 해녀회를 만

들어 공동 투쟁을 모색한다.

　1932년 1월 7일 세화리 장날을 이용하여 시위가 본격화한다. 해녀 시위대가 구좌면사무소까지 이르자 제주도사는 요구 사항을 들어주겠노라 한다. 그러나 약속은 이행되지 않았고 1월 12일 세화리 장날을 기해 대규모 시위가 전개된다. 마침 구좌면 지역을 순시하던 제주도사 타구치 데이키田口禎熹가 탄 차량을 포위하여 시위를 벌였다. 이에 굴복한 제주도사는 해녀 대표와 담판하여 해녀들의 요구 조건을 5일 안에 해결하기로 약속한다. 이후 100여 명의 해녀가 경찰에 잡혀 들어갔다.

　해녀 항일운동은 법정사 항일운동, 조천 만세운동과 더불어 제주도 3대 항일운동으로 꼽힌다.

　일제강점기 제주는 일본군의 군사기지로 기능했다. 군사기지가 처음 들어선 것은 1914년 발발한 제1차 세계대전 전후 시점부터다. 중국 청도의 독일 공군기지를 공격하려 모슬봉에 전파통신 탐지시설을 설치하면서 일본군이 모슬포에 주둔하기 시작한다. 1931년 만주사변을 일으켜 대륙 침략을 노골화한 일제는 모슬포에 해군 비행장인 알뜨르비행장을 건설하여 중국 본토 폭격의 전초기지로 삼는다.[04]

---

04. 「신사 터·비행장·갱도진지…전쟁 요새화 흉터」『제주일보』 2021.10.5

五百餘名海女團

駐在所를大擧襲擊

警官隊와衝突, 事態는險惡

◇雙方에負傷者까지내이게된모양◇

昨夜濟州島에서突發

突發의動機는
廿餘名檢擧로

二十四일오후 제주도구좌면 세화리(濟州島舊左面細花里)에서는 오백여명의 해녀단이 주재소를 습격하야 경관과 충돌하야 쌍방에 부상자가 생기어 경관이 백여명 출동되어 강보가 생기어 경부 이사십이명의 경찰대 三十二명의 경찰대 二十四일 밤 十一시부까지(水曜) 일 제주도 경찰서에서 일어난

해녀들의 세화리 주재소 습격 보도 기사 (『동아일보』1932.1.26)

제주 알뜨르비행장의 일본군 비행기들

일제강점기 제주에 건설된 비행장은 속칭 알뜨르비행장과 정뜨르비행장, 진뜨르비행장이 대표적이다.[05] 그 중 첫 비행장이 알뜨르비행장이다. 알뜨르비행장은 처음 중국 폭격용이다가 패망 직전에는 본토를 사수하기 위한 마지막 결전장으로 바뀐다.

일제는 1930년대 중반까지 제주도민을 강제 동원해 알뜨르비행장을 건설했고, 1940년대에는 탄약고, 연료고 등 중요 군

---

05. 이들 외에 당시 조천면 교래리 부근에 육군 비밀 비행장과 현 서귀포시청 일대에 소규모 비행장이 존재

사시설을 감추기 위한 동굴 진지를 구축한다.

다음으로 1942년 1월 설치된 것이 정뜨르비행장으로 현재 제주국제공항 자리다. 4·3 당시 민간인 대량 학살과 암매장이 이루어진 곳이다. 1945년 초에는 조천면 신촌리에 세 번째 비행장인 진뜨르비행장 건설이 시작됐다.

일본군은 패전의 기색이 역력해지자 '본토 결전'에 착수한다. 1945년 3월 20일 '결호 작전 준비요강'에 따라 북부 홋카이도의 '결1호 작전'부터 남부 규슈의 '결6호 작전'까지 세웠다. 그리고 유일하게 본토가 아닌 제주를 주 무대로 상정한 '결7호 작전'이 수립됐다.

1945년 봄부터 제주가 결호 작전 지역에 포함되면서 1945년 3월 3천여 명이던 제주 주둔 일본군이 해방 무렵 약 6만 5천여 명으로 증가한다. 이는 남한 전체 주둔 일본군의 3분의 1 규모다. 1945년 4-6월 미군과 일본군 사이의 전투로 오키나와 주민 12만 명의 희생을 포함해 20만 명 이상이 목숨을 잃는다. 일본의 항복이 늦어졌다면 제주도가 '제2의 오키나와'가 되었을지도 모른다.

제주 곳곳에는 총연장 약 15km로 추정되는 지하 참호와 갱도 진지, 해상 특공용 진지 등 각종 군사시설이 건설된다. 비

행장을 비롯한 이들 군사시설 건설에는 수많은 도민이 동원돼 고초를 겪는다.[06]

　부자가 함께 동원되는가 하면, 농사일을 해야 하는 아버지 대신 소학교를 갓 졸업한 자식이 동원되기도 했다. 도민들은 1930년대 후반과 1940년대 초반에는 집에서 공사장을 드나들었다. 하지만 전쟁이 격화되는 1944년께부터 마을별 할당 방식으로 적게는 5-6명 많게는 30-100명 단위로 동원됐다.

　도내 전체에 700여 개의 갱도 진지가 존재한 것으로 추정된다. 성산일출봉을 비롯해 조천면 서우봉 해안, 서귀포 황우지 해안 등에도 해군 특공 기지가 건설된 흔적이 남았다.[07]

　해군 특공 기지는 미군 함정이 접근하면 1인용 어뢰정을 타고 미군 함정에 돌진해 배를 폭파시키는 '인간어뢰' 가이텐廻天 기지로, '바다의 가미카제'였다.

　전쟁 말기인 1945년 4월에는 일본 해군이 서귀포와 성산포 두 곳에 위안소를 설치해 운용했다는 보고도 확인된다.[08]

---

06. 「비행장 5곳 있던 제주도…"'가미카제'도 날았다"」『연합뉴스』 2018.8.18
07. 허호준 「도처에 구축된 일본군 요새…그곳엔 제주도민의 피눈물이」『한겨레』 2019.10.19
08. 「일제 강점기 제주에도 일본군 위안소 있었다」『동아일보』 2019.7.8

의료계 현황

　1910년 9월, 일제는 민심을 회유하기 위해 제주에 근대적 의료기관으로 전남 제주 자혜의원을 개설했다. 제주 자혜의원은 시설이 낙후된 데다 병실이 고작 15-16병상에 그쳐 당시 제주도민 20만 명의 의료 수요를 감당하기 어려웠다. 1927년 전남도립 제주의원으로 이름이 바뀌었다가 1946년 제주가 도로 승격하면서 제주도립 제주의원으로 바뀐다.

　자혜의원에는 1920년까지 군의 4명만 배치되었고, 1923년 7월에는 6명의 의사가 내과, 소아과, 안과, 이비인후과, 피부과, 산부인과, 치과, 시료부施療部 등 8개 과로 분과하여 진료를 하는 한편, 지방 순회 진료를 시행하였다. 의사들은 경찰서와 형무소 촉탁의, 재판의裁判醫 그리고 농업학교, 소학교, 보통학교의 교의를 겸하였다.

　제주에서 민간 의료기관을 처음 개설한 의사는 일본인이다. 1914년 5월 요시모토 신타로吉本信太郎가 한지의사로 성산면에 개원하여 진료를 시작한다. 이어서 고이즈미 세이신小泉淸身과 미이케 토시야스三池壽保가 개원한다. 1910년대에 이들 일본인 의사 세 명이 개원해 활동했다.

1930년 전남도립 제주의원 전경

　일제는 의사 자격의 기준을 정하는 의사면허 제도를 시행한다. 일정한 교육을 마치고 의사 시험에 합격해야 의사면허를 교부하였다. 그러나 정규 과정을 마친 의사 수가 적어 의료 수요를 감당하기 어렵자 한지의사 제도를 둔다.

　어느 정도 의료활동 경험을 가진 자들이 자혜의원이나 개업의 등에게서 일정한 수련을 쌓은 뒤 의학 지식과 실무에 대한 시험을 통과하면 한지의사 면허를 받았다. 면허를 취득한 한지의사는 의료기관이 부재한 산간벽지나 소도시, 농어촌 지역 등에 배치되어 공의[09] 역할을 수행했다.

---

09. 공의는 의사면허를 지녀야 하고 배치된 지역에 거주하며 개업하되 관의 지휘를 받아 공무에도 종사해야 함. 관할 지역에서 개업에 의한 수입 기준으로 약 30원-90원의 수당을 지급하고 공무상 출장 때는 여비도 지급

치과의사는 아닌데 간단한 기공만 도제식으로 배워 기술을 전수 받은 사람에게 제한된 자격을 부여하는 입치入齒 제도도 실행되었다. 이는 일본인 입치사가 국내에 개원하면서 시작되었다.

조선인이 제주에 개설한 최초의 민간 의료기관은 한지의사 장한규(1880-1942)가 1914년 11월 제주 읍내에 개원한 인화의원이다. 장한규는 1912년 3월 지석영이 세운 경성의전 전신인 한성의학강습소를 1회로 졸업한 뒤 1914년 5월 최치경(1851-1935), 김규배(1872-1932)와 함께 조선총독부로부터 의생면허를 발급받은 제주 출신 최초 의생이었다.

장한규는 후진 양성에 앞장서 의생양성 교육소 설치를 청원하였다. 1922년 초 제주경찰서는 장한규의 요청을 받아들여 제주경찰서장이 주관하는 단기 사립 의생양성소를 설립한다.[10]

이곳은 의학 지망생을 위한 단기 야학 과정으로 자혜의원에서 강습하였다. 이때 의생면허를 취득한 의생들을 중심으로 1930년 제주의생회가 발족한다.

제주 출신으로 정규 의학 과정을 거쳐 처음 의사가 된 이는

---

10. 고경호 「일제강점기 제주지역 의료인의 활동 연구」 석사학위 논문, 제주대학교대학원 사학과 2021

1930년 제주 사립 의생양성소 수강자들. 맨 뒷줄 맨 오른쪽이 장한규

김태민(1888-1965)이다. 김태민은 1913년 7월 조선총독부의원 부속의학교 의과를 1회로 졸업(경성의전 8회 졸업)한 뒤 국비 장학생으로 선발되어 일본 쿄토 제국대학 의학부에 진학하였다. 1915년 2년여 간의 일본 유학을 마치고 돌아온 김태민은 조선인 최초로 신의주 자혜의원의 외과 의사로 발령받는다.

1915년 8월 사직 후 인천에서 장춘의원을 개원한다. 다음 해 제주로 귀향하여 관덕정 옆 속칭 백목골에 장춘의원을 개설하는데 이는 제주 출신 의사로는 첫 개원이었다.[11]

김태민은 사회활동에도 적극적이었다. 1925년 9월 23일 가파청년회, 모슬포청년회, 온평청년회, 서귀포청년회, 함덕협성청년회, 신촌청년회, 화북청년회, 제주청년회 등의 단체가 참여하여 제주청년연합회가 결성되는데 김태민은 창립총회에서 대표 격인 간사장을 맡는다. 경찰에서는 청년회가 일제에 저항하는 것으로 보고 활동을 감시하고 집회를 금지시키기도 한다. 1928년 제주청년연합회 후속으로 제주청년동맹이 결성된다.

김유돈은 1918년 경성의학전문학교(이하 경선의전)를 졸업하여 제주 출신 두 번째 의사가 된다. 다음 해 고명우가 뒤를 잇는다. 김유돈도 김태민과 같이 청년회 활동에 참여한다.

---

11. 제주도의사회 『제주도의사회 60년사』 2006

김태민은 제주 출신 첫 여의사인 고수선(1898-1989)[12]과 결혼한다. 고수선은 의사가 되기 전 학생 시절 독립운동에 참여하여 고초를 겪기도 했다.

일제강점기에는 약사 대신 약제사가 활동했다. 약제사라는 이름은 대한제국 때부터 1954년 「약사법」이 제정되기 전까지 사용되었다. 정규 약학대학이나 약학과를 졸업하지 않아도 자격시험을 통과하면 약제사 면허 취득이 가능했다. 약제사는 의사 처방에 따라 조제가 가능하였다.

반면 약종상은 자격시험을 통과해야 하지만 조제는 안 되고 약 판매만 가능했다. 약종상은 보통 약방을 개설하여 영업했다. 약종상 자격 취득이 상대적으로 쉬었다. 1929년 제주에 약방 12곳이 존재했다. 의료직 중 가장 많은 숫자여서 제주도민의 건강을 일차로 책임졌다. 약종상은 해방 후에도 유지되다 1971년에 폐지된다.

일제강점기에서 4·3 시기에 걸쳐 이름이 등장하는 약제사는 이경선과 김두봉 두 사람이다. 이경선(1914-?)은 국내에서 약제사로 활동하지는 않았다. 해방 후 고향인 제주에서 교사로

---

12. 대정면 가파리에서 고석조와 오영원 사이에서 출생. 여성의 교육에 대해 부정적인 시절에 10리 떨어진 야학에 다닐 정도로 학구열이 높았고 대정공립보통학교와 신성여학교를 졸업

재직하다가 4·3 시기 일본으로 피신하여 약제사로 활동했다.

김두봉은 제주약방을 개설하여 운영하면서 도립병원 약제과장을 겸했다. 4·3 과정에서 남로당 총무부장으로 입산하여 무장대로 활동하다가 생포되어 처형당했다.

약종상은 인원으로 볼 때 가장 많으나 약종상 개인 활동 기록은 별로 안 보인다. 일제강점기뿐만 아니라 4·3 과정에서도 약종상의 활동이나 희생에 대한 기록은 아주 단편적이다.

약종상 김태환은 제주 1호 약방인 제일약방을 개설하여 70여 년 한결같이 운영했다. 구좌면에서 공의로 일하던 아버지 김두전은 콜레라에 감염된 마을 사람들을 돌보다 콜레라에 감염되어 사망한다. 열아홉에 일본 오사카로 건너가 공장에 다니면서 2년제 오사카 소서小西약제학교를 졸업했다.

약종상 자격을 취득하나 조선에서는 약방 개업이 불가능해 중앙의원(원장 김유돈)에서 약 제조 일을 하다가 나중 광주에서 개최된 약종상 시험에 합격한 후 관덕정 앞에 제일약방을 개업한다.[13]

간호사는 공식적으로 일제강점기에는 간호부라 불렸다. 해

---

13. 김순자 「제주도 약방 제1호 70년 동안 "문 활짝"」『제민일보』 2002.7.22

방 후에 간호원 그리고 1987년에야 간호사로 변경된다. 간호부라는 용어는 요즘 부서 개념으로 사용하여 혼란을 주기 때문에 여기서는 간호원 또는 간호사라는 용어를 사용한다.

제주에 병원이라 할 만한 의료기관은 도립병원이 유일한 상황이어서 간호원에 대한 수요가 많지는 않았다.

강복순은 제주 출신 첫 간호원으로 16세에 제주 시내 중앙의원 간호보조원으로 일하다 1934년부터 도립병원에서 간호보조원으로 일한다. 1938년 간호원 시험에 합격하고 1940년에는 산파 시험에도 합격하여 자격을 취득했다. 1942년 도립병원 간호부장으로 승진하며 1944년까지 일하다가 나와서 산파, 약종상으로 개원한다.

탁명숙(탁마리아 1893-1972)은 함경남도 출신 간호원으로 제주 출신 남편을 만나 제주에 정착한 경우다. 세브란스간호양성소 4년을 마치고 간호원이 되어 원산 구세병원에서 근무를 시작했다. 3·1운동이 벌어지자 병원을 그만두고 서울로 올라와 시위에 참여한다. 1919년 3월 5일 밤 각 전문학교 및 중등학교 학생대표 63명과 함께 시위 대책을 논의하던 중 일제에 발각되어 체포된다.

1919년 9월 강우규가 사이토 총독을 암살하려다 실패하자 마침 보석 중이던 탁명숙은 강우규를 은신시키는 일에 협력하고 이로 인해 다시 체포된다. 나중에 일본으로 넘어가 일본대학 사회학과를 졸업하는데 이때 제주 성산포 출신으로 와세다 대 학생이던 현이길[14]을 만나 결혼, 서울에 살다가 제주로 이주한다.

당시 산파는 흔치 않았다. 한려택(1898-1992)은 1940년대 중반까지 제주에서 유일한 산파였다. 한려택은 제주 일도리에서 태어나 제주에서 중등학교까지 졸업했다. 1918년 진명여자고등보통학교를 졸업하고 전라남도에서 교사로 근무하다가 1932년 일본 오사카로 넘어간다. 1934년 서방조산부교육소(오가타 산파학교)를 졸업하고 일본에서 약 10년간 산파 일을 했다. 1943년 제주로 돌아와 산파 일을 하며 사회활동을 행한다.[15]

태평양전쟁 말기가 되면서 여러 질병이 퍼지고 민심이 흉흉했다. 의사들은 의약품 등을 구하기 어려워 민간요법에만 의존할 상황이었다. 동남아에서 넘어온 성병이 여성과 신생아에게까지 퍼졌다. 의사들은 가난한 환자에게 무료로 진료하기도 하였다.

---

14. 김녕중학교장 역임
15. 제주도, 제주도여성특별위원회 『시대를 앞서 간 제주 여성』 제주여성사 자료총서 VI 2005

한려택(맨 뒷줄 왼쪽에서 여덟 번째) 일본 서방조산부교육소 졸업사진

    1945년 2월 20일 제주 목포 사이 연락선이 침몰하는 사건이 발생했다. 의사 장응삼(1913-1945)도 서울로 출장가기 위해 이 배에 승선했다가 사망한다.
    해방 직전 일제의 총동원령이 내려지자 제주의 청장년들이 전쟁터로 끌려가고 물자들도 공출되거나 징발된다. 이는 1942년부터 1945년 초까지 집중적으로 이루어지며 의전에 다니던 젊은이들도 군의관이란 이름으로 차출된다.
    전남도립 제주의원(이하 도립병원)은 물론 개인 의원들도 징용, 징집되어 떠나는 청장년들의 신체검사장이 되었다.

제주읍에 개원한 차남수[16]와 오창훈(1908-1989)[17] 박영훈(1912-1966)[18] 최정숙(1902-1977)[19] 등도 곤욕을 치렀다. 치료가 필요한 장정이 하루에도 수십 명씩 몰려들어 의약품은 동나고 식사까지 제공해야 하는 어려움을 겪는다.

일본군은 제64병참병원을 운영했으나 1945년 5월 미 공군의 공격으로 파괴되어 야전병원을 차렸고 도립병원에 의무지원을 맡겼다. 일제는 강제 징용한 군속들의 치료를 감당하기 어렵자 정화의원 최정숙을 '일본 관동군 제주 주둔 병력 야전병원 군의관'으로 임명하고 봉사를 강요했다.[20]

항일독립운동과 제주 의료인들

고수선은 최정숙, 강평국(1900-1933)과 함께 3인방으로 언급될 때가 많다. 학생 시절 같이 독립운동에 참여했다. 최정숙은

---

16. 제주읍에서 차남의원 운영. 1944년경 목포로 이전하여 개원함
17. 1908년 제주 성산읍에서 태어나 1935년 평양의 기성箕城의학강습소에서 1년 과정 이수, 이듬해 조선총독부 실시 의사 자격 검정시험에 합격. 도립병원에서 2년간 내과와 소아과 진료를 담당하다가 부산 부립병원에서 내과 임상 경험을 쌓은 뒤 1938년 9월 다시 제주에서 후생의원 개원. 중간에 규슈 제국대학 의학부에서 1년간 연수. 해방 후 도립병원장 역임
18. 해방 후 도 보건후생국장 역임
19. 최원순과 박효원 사이 출생. 6남 2녀 중의 큰딸. 아버지 최원순은 친일인명대사전에 친일파로 등재됨. 해방 후 제주 법원장을 역임하며 4·3 시기에는 수난을 겪음
20. 제주도의사회『제주도의사회 60년사 1945-2005』2006

나중에 의사가 된다. 나이 차이가 나지만 이들은 1914년 3월 가톨릭계 제주 신성여학교 1회 졸업생이다. 졸업 후 서울로 유학 가서 경성여자고등보통학교(이하 경성여고보) 사범과에 다니며 같이 기숙사에서 지낸다.

경성여고보에는 이미 박희도[21]의 지도로 학생들의 비밀 모임이 존재했다. 사범과 학생 79명으로 조직되어 '79소녀결사대'라고 불렸다. 제주 출신 3명도 참여하였는데 1919년 3·1 만세운동 당시는 졸업반으로 시위를 주도했다. 제주 출신으로 경성고보 2학년이었던 박규훈과도 연락했다고 한다.

당일 학교 담 너머 「독립선언서」 뭉치를 발견한 교사들이 기숙사 문을 잠가버리자 손도끼로 문을 부숴 전교생이 뛰어나와 만세를 불렀다고 한다.

3월 1일 당일 붙잡힌 최정숙은 79소녀결사대 대표로 이름이 올라 경찰에서 닷새 동안 고문 받은 후 서대문형무소로 보내졌다가 3월 20일 풀려난다. 강평국은 당일 붙잡혔다가 풀려난다. 3월 5일 2차 만세 시위가 벌어지는데 고수선은 이때 종로경찰서에 잡혀가 고문을 당한다.

1919년 3월 25일은 경성여고보 졸업식 날이었지만, 강평국과 최정숙은 일본 국가를 부르면서까지 참석하지는 않겠다며

---

21. 기독교 중앙감리교 전도사, 3·1 독립선언 33인 중 한 명

바로 제주로 내려와 졸업장과 교사 자격증을 우편으로 송부 받는다. 강평국은 같은 해 4-5월 대정공립보통학교에 교사로 부임한다. 제주 최초의 여교사다.

고수선은 졸업 후 교사 자격을 따고 충남 논산의 시골 학교에 부임한다. 1년간의 교사 생활을 청산하고 중국 여순을 거쳐 상해 임시정부로 향했다. 임시정부에서 군자금 모집의 사명을 띠고 귀국하는데, 모금한 370원을 박정식 편에 송금하여 상해로 보내는 등 군자금 모집 요원으로도 활약했다.[22]

최정숙은 아픈 몸을 치료하며 요양하다 1919년 4월 15일 경성지방검사국의 소환 통보에 잡혀 올라가 서대문형무소에 재수감된다. 같은 해 10월 보석으로 풀려난 뒤 제주로 귀향했다가 11월 6일 경성지방법원에서 징역 6월에 집행유예 3년을 선고받는다.[23]

고수선은 경찰의 감시를 받게 되자 일본으로 건너가 1920년 4월 도쿄 요시오카吉岡 의학전문학교에 입학했다. 1921년에도 독립운동을 모의하다가 경찰에 잡혀 가혹한 고문을 받는다.[24] 1923년 9월 1일, 간토대지진이 일어나 우리 동포들이

---

22. 이윤옥 「한국인 여의사 1호이자 항일독립운동가 고수선 지사」 『우리문화신문』 2016.11.20
23. 허호준 「경성여고보 3·1 만세 이끈 '소녀결사대'를 아십니까」 『한겨레』 2019.2.28
24. 이윤옥 「한국인 여의사 1호이자 항일독립운동가 고수선 지사」 『우리문화신문』 2016.11.20

숱하게 학살당하는 모습을 목격하고 10여 일을 걸어 시모노세키를 거쳐 귀국한다.

고수선은 1924년 4월 경성의전에 입학, 1926년 졸업하고 같은 해 4월부터 4개월 남짓 개성에서 의사로 지내다 귀향했다. 1927년 조천의원을 개원하여 제주 최초 여의사로 활동하면서 의사인 김태민과 결혼한다.

요시찰 대상이었던 고수선은 일본의 감시가 더욱 극렬해지자 1944년 목선을 빌려 가족들을 태우고 잠시 교편을 잡았던 인연이 있는 충남 강경으로 피신했다.

7년 후인 1951년 1.4후퇴 때 귀향한 뒤 의사 생활을 접고 본격적으로 사회활동을 전개한다. 문맹 퇴치를 위해 한글강습소를 열고 제주모자원, 송죽보육원 등도 설립한다.[25] [26]

최정숙은 석방 후 귀향하여 강평국 등과 함께 제주에서 여수원[27]과 명신학교를 설립하는 등 제주 여성계몽과 교육 활동에 집중하였다. 최정숙은 38세 나이에 경성여자의과전문학교

---

25. 허호준 「경성여고보 3·1 만세 이끈 '소녀결사대'를 아십니까」『한겨레』2019.2.28
26. 제주도, 제주도여성특별위원회『시대를 앞서 간 제주 여성』제주여성사 자료총서Ⅵ 2005
27. 최정숙, 강평국 등이 1920년 제주여자장학회를 움직여 제주시 삼도1동 향사당에 설립한 천주교 교단의 수련원인 여수원(女修院). 여성들 50여 명의 한글 교육에 주력함. 보통학교에 다니지 못하는 어린이와 여성들의 문맹 퇴치를 위하여 마을 단체와 협력해 야학을 설립. 후에 사립 명신학교와 통합(제주발전연구원『일제강점기 제주여성사』2011)

(경성여의전)에 입학해 1943년 1회 졸업생이 된다. 1944년 10월 제주 읍내 삼도리에 정화의원을 개원하여 주로 소아 환자 진료에 집중하면서 지역 봉사활동에 힘썼다.

최정숙은 해방 후 부녀회 활동에도 참여한다. 4·3 기간에는 최정숙 본인뿐만 아니라 아버지(최원순), 오빠(최남식) 등 가족들도 수난을 겪었다. 신성여고 설립에 앞장서 1953년 11월 초대 교장에 부임한다. 1964년부터 1968년까지는 제주도 초대 교육감을 역임한다. 우리나라 최초 여성 교육감이다.

강평국은 1926년 일본으로 건너가 도쿄여자의학전문학교에 입학했으나 항일운동에 더 열성적이었다. 1927년 1월 유학생 50여 명이 모여 발기한 도쿄조선여자청년동맹 집행위원장과 신간회 도쿄지회 부인부 책임자로 활동했고, 1928년 1월에는 여성의 권익 옹호를 위한 근우회 도쿄지회를 창립해 핵심 구성원으로 활동한다. 그러나 일본 활동 중 몸이 아파 학업을 포기하고 귀향해 1933년 11월 세상을 뜬다.

약제사인 이경선은 경기도 시흥군에서 수산물 도매상을 하던 아버지 이도일과 어머니 김응주 사이에서 1남 1녀의 장녀로 태어났다. 어릴 때 아버지 고향인 제주도 남단 가파도로 이주하여 성장했다. 대정공립보통학교를 거쳐 동덕여자고등보통학교에 입학했다.

이경선

당시 이 학교 교사인 항일운동가 이관술의 영향을 받으며 이관술이 조직한 경성반제동맹에서 활동했다. 1933년 학교를 졸업한 후 조선직물주식회사 인견 공장에 노동자로 취업하여 일제의 비인간적인 대우를 받는 여성 노동자들의 생존권 투쟁을 이끌다가 1934년에 체포되어 1년 6개월 동안 옥고를 치른다.

석방된 후 일본으로 건너가 고베 시의 나카노의학전문학교에 진학했으나 경찰에 체포되고 학교에서도 퇴학당한다. 1942년 고베약학전문학교에 진학했다가 「치안유지법」으로 다시 체포되어 징역형을 산 후 우여곡절 끝에 복학해 졸업, 광복을 맞아 귀국한다. 1946년 12월에는 조선부녀총동맹 중앙

1920년대 찍은 사진 속 최정숙(왼쪽)과 강평국(가운데)

집행위원회 산하 선전부에 참여한다. 약제사 자격을 취득했지만 국내에서 약제사로 활동하지는 않았다.

이경선은 4·3이 터지면서 연행되었다가 극적으로 탈출했다. 이후 아버지와 함께 일본으로 밀항한다. 일본 오사카에서 약국을 운영했으며 재일동포 북송 때 북한으로 간 뒤 그곳에서 생을 마친다. 이경선은 그동안 사회주의계로 분류되어 배제되다가 2021년에야 건국훈장 애족장을 받았다.

1941년 의사 변태우(1902-1950)[28]가 일제에 의해 구금되어 고문당하는 사건이 발생한다. 변태우는 장한규의 제자이자 사위다. 천주교 신도였던 변태우는 천주교 선교사이던 아일랜드 출신 손 신부[29]와의 교제가 빌미 되어 1941년 10월 검거되고 지독한 고문을 당한다. 군사기밀 누설이 죄목이었다.

적성 국가인 영국 잡지에 모슬포 일대 군용비행장의 사진과 시설 내용이 기사로 보도되자 일제는 군사기밀이 샌다고 단정했다. 당시 제주에서 활동하던 영국 국적의 아일랜드 선교사들과 천주교회를 의심했다.

---

28. 대정면 하모리 출생. 장한규의 제자로 1922년 장한규의 둘째 딸과 결혼하고 1923년 의생 시험에 합격한 뒤 모슬포에 보창의원을 개원해 활동. 1937년 한지의사 시험에 합격한 다음 해 제주읍으로 이주
29. 당시 38세, 본명 Dawon Patrick

1940년 12월부터 1941년 여름에 걸쳐 손 신부와 변태우 등 신도들은 여러 차례 다음 정보들을 교환하였다.

"일본의 신문들은 독영전쟁에서 독일이 대승하는 중이라고 발표하지만 실은 허위 보도에 지나지 않는다. 전황은 영국에 유리하게 전개되는 중이다." "중일전쟁은 일본의 패전으로 끝날 것이다." "모슬포 비행장의 넓이는 20만 평 정도이며, 남경 함락 당시에는 하루에 두 차례씩 한 번에 20기 정도가 바다 건너 폭격을 하기 위해 왕복 비행을 하였으나, 지금은 비행 횟수도 많이 줄고, 군인 수도 많이 줄어서 그리 많지 않은 것 같다."

이런 혐의로 1941년 10월 외국인 신부 3명과 평소 반일 감정을 품은 신도 35명이 구금되어 심한 고문을 당한다. 결국 신부 3명과 신도 10명이 기소되고 이 중 이기순은 재판 전 고문으로 옥사하고 만다.

변태우는 1년 징역 선고를 받고 옥고를 치른다. 해방 후 전남 광산군 대촌리 보건소장으로 발령받아 생활 근거지를 옮겼다. 1948년 광주 시내에 월산의원을 개원하여 의술을 펼치다 1950년에 광주에서 사망한다.[30]

---

30. 윤영혜「천주교 사제들과 항일운동한 변태우 한의사」『한의신문』2022.9.22

일제강점기 재일제주인

　제주도 사람은 친척 중에 재일동포가 많다. 전체 재일동포 중에서 제주 출신이 특히 많다. 일본의 대표적 코리아타운 오사카 쯔루하시 지역에도 제주 출신이 많다.
　일제강점기인 1923년 제주와 오사카 사이 직항이 개설되면서 군대환(기미가요마루)이 정기적으로 운항하기 시작했다. 항로 개설 후 10여 년 사이에 제주 인구 25%에 해당하는 5만여 명이 일본으로 건너갔다.

　대부분 지금 오사카 쯔루하시 지역인 이카이노猪飼野에 정착했다. 개천가 버려진 땅에 옹기종기 판잣집을 마련해 비바람을 피했다. 돼지나 키우던 하찮은 들판에도, 오갈 데 없던 제주인들이 모여 보금자리를 마련했다. 이곳은 훗날 오사카 재일동포들의 중심지로 발전한다. 이카이노 거주 조선인의 대다수, 60-70%가 제주에서 넘어온 사람들이었다. 이카이노는 조선인 마을이면서 동시에 제주 마을인 셈이다.
　제주인들은 일본인이 취업을 꺼리는 유리, 금속, 고무, 화학, 방직공장 등에서 일을 했다. 고된 노동의 대가는 한 달에 약 20엔이었는데, 이마저도 절반 이상은 고향으로 송금했다고 한다. 하루 14시간 이상, 위험하고 불결한 작업장에서 일해야

군대환, 1923년부터 1945년까지 제주와 오사카 사이를 운항

오사카 무료 진료소 소개 기사(『조선일보』 1924.7.21)

했던 조선인 노동자들은 언제라도 부상당하거나 질병에 걸리기 쉬웠다. 방직공장 같은 작업장에서는 솜먼지가 폐 속으로 들어가기 일쑤였고 기계에 팔다리가 끼여 크게 다치는 등 위험이 뒤따랐다.

오사카 체류 조선인이 증가하자 교육, 의료 등의 문제가 제기되었다. 동포 밀집 지역에 야학교를 설립하고 의사를 초청하여 무료 진료소도 설치하였다. 진료소를 찾는 환자 수가 매일 30-40명에 달했다.

오사카를 중심으로 재일제주인의 운동도 활발했다. 1930년대를 전후한 시기 오사카에서는 소비조합운동과 노동자 자녀 교육운동, 민주의료기관 설립 등의 대중운동이 광범위하게 벌어졌다.

제주와 오사카를 오가는 노선을 독점하는 회사가 운임을 올리는 등 횡포를 부리자 이에 분개한 오사카 거주 제주인들이 자주운항운동을 내걸고 1929년 4월 협동조합인 동아통항조합東亞通航組合을 설립했다. 1930년 11월부터 1933년 말까지 제주도와 오사카 사이를 운항하였으나 거듭되는 좌초 사고와 경영난, 일본 당국의 탄압 등으로 1934년 운영이 정지되었다.

동아통항조합은 『민중시보民衆時報』, 오사카 조선무산자진료소朝鮮無産者診療所와 함께 1920년대 후반 재일조선인의 대표적 운동사례다. 『민중시보』는 1935년 오사카에서 김문준(1894-1936)[31] 등이 재일조선인을 대상으로 창간한 조선어 신문이다.

1930년경 오사카 거주 조선인이 7만여 명에 이르지만 차별과 언어 문제로 인해 제대로 진료받기는 어려웠다. 조선 부락 내 한약방이 존재해 간단한 진료는 여기서 해결했으나 조선인

---

31. 제주 조천 출신. 오사카에서 활동한 노동운동가이자 항일운동가. 수감 생활 중 폐결핵이 악화되어 오사카 도네야마진료소에서 치료 중 1936년 5월 25일 사망

노동자들은 특히나 위험하고 위생시설이 열악한 작업장에서 일했으므로 질병에 걸릴 위험이 컸다. 일본 의료시설에서 조선인 진료라고 거부당하기도 했다.

이러한 어려움을 극복하기 위해 만든 것이 진료소다. 1930년 1월 초 오사카의대 출신의 정구충(1895-?)[32] 등이 중심이 되어 '실비진료소'를 개설하고 30여 명의 후원회를 조직한다. 후원회에 재일제주인들이 많이 참여한다. 실비진료소는 정구충과 민찬호 등 의사와 조선인 간호원으로 2월에 개원한다.

개업 당일부터 60여 명의 환자가 몰려 성황을 이루었다고 한다. 진료소는 1인당 진료비와 약값이 각각 10전으로 매우 저렴했다. 당시 한 언론은 진료소를 '조선인 무산대중의 힘으로 결성된 유일한 기관이므로 동아통항조합의 결성과 함께 오사카 거주 조선인사에서 가장 크게 기록할 만한 일'이라고 의미를 부여한다.

1931년 설립 1주년을 맞아 오사카 조선무산자진료소로 개칭한다. 이 진료소는 의사 2명과 간호원, 약제사 모두 조선인 체제로 운영되었다. 의료비도 저렴하여 멀리서도 기차나 전차를 타고 오는 조선인도 많았다. 매일 80여 명의 환자가 찾을

---

32. 충북 옥천군 군북면 출생, 1921년 오사카의대를 졸업하고 오사카의대 부속병원에서 외과의로 수련 후 귀국하여 활동. 1928년 다시 오사카로 건너가 오사카 조선무산자진료소 설립에 참여하나 무산되고 1933년 다시 귀국하여 국내에서 활동

정도로 성황을 이뤘다.

 진료소는 설립 직후인 2월 하순부터 의료 확장을 위해 조선 부락에 격문과 포스터를 붙여 기금 2천 원을 모금하였다. 그해 8월 21일에 열린 실행위원회 임시대회에서는 조선인이 다수 밀집한 니시나리西成 구와 히가시나리東成 구에 분원을 설치하기로 한다.

 그러나 설립 허가를 안 받았다는 이유로 9월 11일 경찰의 폐쇄 명령을 받고 간판까지 압수당한다. 이후 '일본무산자의료동맹'[33]의 지도 아래 분원을 설치한다'는 결정을 내리고 막을 내리게 된다.

 1933년 7월 이카이노에 거주하는 조선인들이 자금을 모아 지원한 '히가시나리 무산자진료소'[34]가 설립되자 김문준의 딸인 김숙희, 김정희도 여기서 간호원으로 활동한다.[35]

---

33. 1931년 가을 무렵까지 일본 전국에 무산자진료소 6개소가 설립. 이들이 모여 1931년 10월 일본무산자의료동맹을 결성. 일본 첫 무산자진료소는 1930년 1월 개설된 오사카 무산자진료소. 무산자진료소 운동은 침략전쟁이 본격화하는 1941년 탄압으로 소멸하나 전후 민주진료소 운동으로 이어짐. 현재의 '전일본민주의료기관엽합회' 전신으로 역사적 의의가 큼
34. 오사카시전市電, 자조회 이마자토今里 지부, 이카이노 지구의 조선인 등 주민들로부터 자금을 받아 개설. 진료소를 중심으로 하는 건강을 지키는 모임 '가테이호켄카이家庭保健會'는 1935년 8월 300여 명이 참여해 발족. 여러 병원, 진료소, 조산소와 계약하고 회원이 저렴한 비용으로 진료 받게 함. 경찰의 압력으로 1937년 폐쇄
35. 문소연. 허영선, 박재형, 박찬식, 김창후『20세기 제주를 빛낸 여성들』제주학연구센터 제주학 총서55, 제주학연구센터 2021

『민중시보』에는 오사카 지역 재일 조선인이 운영하는 의원과 약방 광고가 보인다. 주익순의원(원장 주익순), 제일의원(원장 이규홍), 보성당약방, 남선당한약국(신홍종), 춘현당약방(이익상), 화한약방(박상희) 등이다.[36]

제주 출신 의사 홍순억(1908-1989)[37]은 1942년 일본으로 건너가 히가시나리 구의 제주공제조합회관 건물을 사들여 십자의원을 개원하였다. 그는 힘든 노동에 지친 동포들을 치료하며 망국의 한을 달랬다. 가난한 동포들에게는 헐값으로 진료를 하기도 했다.

제주 출신 재일동포 의사 중에 김만유(1914-2005)라는 인물이 있다. 도쿄에서 병원을 경영하면서 평양에 초대형 병원인 김만유병원을 설립한 것으로 유명하다.

김만유는 제주 모슬포에서 태어났다. 소학교를 4년 다니다 중학 진학을 위해 제주를 떠났다. 가난한 학생들이 다니는 5년제 사립 중학교 고학당苦學堂에 다니다 질병으로 중퇴했다. 이후 YMCA 속성과정 등을 거쳐 1931년 보성고등보통학교 4학년에 편입했다.

---

36. 김인덕 「공간 이동과 재일코리안의 정주와 건강」 『인문과학』 제73집 2019
37. 제주읍 출신. 세브란스의학전문학교 졸업

8월 중국인과 조선인 간 불행한 사건인 만보산萬寶山 사건[38]이 일어나자 김만유는 친구들과 이 사건의 진실을 알리는 전단을 만들어 배포했다. 이 때문에 다음 해 4월 수업 중 경찰에 연행되어 심한 고문을 당하고 결국 1년 9개월 동안 투옥되고 말았다.

　석방 후 제주에 내려와 지내다 1936년 대학 진학을 위해 일본으로 건너간다. 김만유는 4년제 동경의학전문학교(현 동경의과대학)를 마친다. 졸업 후 도쿄에 가네모토金本의원을 개설하여 개업의 생활을 시작했다. 그러나 태평양전쟁 막바지인 1945년 3월, 미군의 대공습으로 의원 건물이 소실된다. 해방 후에는 귀국을 고민하다가 포기하고 일본에서 정치활동에 전념한다.

　재일제주인은 1939년 무렵 4만 2천여 명에서 1945년 해방 당시 10만여 명으로 큰 폭 증가한다. 이는 자유도항에 더해 1930년대 후반부터 본격화한 강제징병 및 징용에 따른 영향이 크다. 당시 강제로 징용된 재일제주인은 모두 8,715명에

---

38. 1931년 7월 만주 지린성 장춘시의 만보산 지역에서 조선인과 중국인 농민 사이 수로水路 문제가 발단이 되어 벌어진 유혈 충돌 사태. 일본 관동군 특보기관이 대륙 침략 구실 마련을 위해 은밀히 공작해 발생한 사건

이르는 것으로 조사되었다.[39] 1971년 11월 발표된 일본 측 자료에 의하면 일본군에 징발되었다가 사망한 제주 출신은 603명이다.

강제 연행된 사람들은 군대환과 관부関釜연락선을 통해 오사카와 시모노세키를 경유한 후 규슈, 간토, 주부, 도호쿠, 홋카이도 등 탄광과 군수공장, 그리고 필리핀, 괌, 남양군도 등 군인, 군속으로 강제 연행됐다.

이와 함께 일본에 먼저 건너간 제주 출신들도 일본 현지에서 직접 군인, 군속, 탄광, 군수공장 등에 동원된다.

근무지별로는 탄광이 12개(41.4%)로 가장 많고, 군수공장과 군부대가 각각 5개(17.2%), 건설공사가 4개(13.8%), 군사시설이 2개(6.9%)인 것으로 나타난다.[40]

---

39. 이소진「일제강점기 강제연행된 재일제주인 '8,715명'」『제민일보』2018.4.5
40. 고병수「일제 강점기 강제연행 제주인 10만여 명…이동경로 일부 파악돼」『제주뉴스』2020.4.23

제주는 섬이다. 섬은 철저히 고립된 공간으로, 억압하고 탄압하는 자는 다른 사람의 눈치를 보지 않아도 되고 피해자는 도망칠 곳을 찾지 못한 채 쫓기게 된다.

2장

해방 후 격동하는 제주사회와 의료계

해방 정국에서 제주사회의 대응

 8.15 해방 후 일본군이 제주에서 항복문서에 공식 서명한 것은 9월 28일이 되어서다. 이날 라우웰 대령을 사령관으로 하는 미군 1개 연대가 진주하여 제주지역 미 군정청을 설치한다. 제주 주둔 일본군에 대한 무장 해제는 9월 28일부터 10월 초순 사이 미군에 의해 이뤄졌다.
 이와 동시에 미 병력 100여 명으로 구성된 무장 해제팀이 모슬포 알뜨르비행장 주변의 갱도 진지와 탄약 저장고 등을 파괴하고, 각종 소총과 포 등을 배에 실어 먼 바다에 버렸다.[01]

---

01. 허호준 「1945년 해방 직전 제주도에선 무슨 일이…」 『한겨레』 2014.8.18

1945 제주 철수중인 일본군

1945년 11월 9일에는 제59군정중대[02]가 제주도에 도착했다. 스타우트Thurman A. Stout 소령이 군정관이 되고 민간 행정을 맡는 도사島司 서리에 김문희를 임명한다. 미국인과 한국인 공동 도사제도가 도입되면서, 1946년 2월 박경훈(1909-1973)[03]이 한국인 제주도사로 부임하였다.

스타우트와 박경훈은 통역관을 사이에 두고 한 사무실에서 근무했다. 스타우트는 일제 관리와 경찰을 그대로 등용하고 대부분 수감자를 유죄 판결 여부에 무관하게 노역에 동원한다.

일제강점기 군사기지였던 제주가 해방 후에는 미군에 의해 군사기지화할 우려를 나타내는 보도들이 이어졌다. 1947년 3월 28일 이승만은 방한 중인 미 육군성 차관 드래퍼Draper와의 회담에서 '미국이 제주도에 해군기지를 설치 가능하다는 말을 들었다'고 밝히기도 했다. 제주도가 군사적략적으로 매우 중요했기 때문이다.

해방 후 외국으로 나갔던 사람들이 대거 귀환하면서 새로운 사회문제로 대두되었다. 갑자기 인구수가 증가했지만 제주에

---

02. 스타우트의 지휘 아래 장교 11명 사병 63명으로 구성. 1948년 말 초토화 작전 당시도 제주에 주둔. 제주4·3이 발생했던 1947-8년 제주지역에 미군은 최소 100명(중대급)-최대 1,000명(연대급) 주둔으로 추정
03. 해방 후 1948년까지 제주사회 소용돌이 한복판의 인물. 1949년 서울로 건너가 생활하다가 한국전쟁이 나면서 부산으로 피신

제주농업학교 인근 성조기가 게양된 제59군정중대 모습

 는 일자리가 적어 많은 사람이 실업자가 되고 만다. 사업체들의 폐쇄, 일본과의 무역 중단, 미 군정의 미곡 정책 실패 등 여러 문제가 누적되면서 경제 위기에 직면하게 된다.

 1946년 도내 보리농사가 기록적인 흉작04이었다. 제주에서는 논농사가 어려워 보리가 주요 작목이다. 미 군정의 미곡 정책 실패로 쌀 공급도 원활하게 이루어지지 않아 도민의 불만은 높아졌다. 도민들은 식량 부족으로 고통 받는다.

---

04. 1946년 제주도의 보리 수확량은 83,785석. 이는 해방 전인 1943년의 204,796석, 1944년의 268,133석에 비해 각각 41%, 31%에 그침

1946년 8월 1일 제주도가 전라남도에서 떨어져 나와 도로 승격되면서[05] 박경훈이 초대 도지사를 맡는다. 2개 군(북제주군, 남제주군), 1개 읍(제주읍)[06]과 11개 면으로 구성되고, 리는 전체 167개였다. 제주도의 기구는 총무국, 산업국, 보건후생국의 3개 국을 두고 산하에 북군과 남군을 설치하는 체제였다. 총무국장 김두현,[07] 산업국장 임관호,[08] 보건후생국장 박영훈이 임명되었다. 박영훈은 도지사 박경훈의 동생으로 의사다.

　북제주군수에는 박명효,[09] 남제주군수에는 김영진[10]이 발탁되었다. 경찰조직도 확대 개편된다. 1946년 8월 1일 제주감찰서로, 9월 11일에는 제주감찰청으로 승격된다.[11] 3·1 사건이 일어난 직후인 1947년 3월 9일에는 제주경찰감찰청으로 개칭된다. 국방경비대 9연대도 1946년 11월 16일 모슬포에서 창설된다.[12] 9연대가 본부로 사용한 곳은 일본군 해군항공대

---

05. 도제 실시에 앞장선 이는 김홍석으로 의사 김태민의 아버지, 고수선의 시아버지. 도제추진위원회 대표로 미 군정에 진정서를 내고 고수선과 동행하여 중앙청에서 1945년 10월 25일 아놀드 장관을 면담. 다음 해 콜레라에 감염되어 사망
06. 제주읍이 시로 승격된 것은 1955년 9월 1일
07. 1948년 배급 문제로 불만을 품은 서북청년단에게 구타당해 사망
08. 1948년 5월 28일 유해진 후임 도지사로 임명됨
09. 제주지역 우익의 대표적인 인물. 1946년 11월경 사임
10. 1946년 11월 15일 2대 북제주군수에 취임. 1947년 3·10 총파업에서 북제주군청 스스로 파업을 중지함으로 미 군정의 신임 얻음. 4·3 때 서청 제주도 위원장 김재능에게 폭행 당해 팔이 부러지는 등 수난을 겪음
11. 일제 때 101명이던 경찰은 1947년 2월에는 330명으로 늘어남. 1948년에는 경찰력의 75%가 타지에서 온 응원경찰로 구성됨
12. 국방경비대는 육지에 1연대부터 차례로 창설해 제주도에 9연대를 창설

가 사용했던 막사이다. 1947년 제주 청년들을 대상으로 한 여덟 차례의 모병 활동을 통해 400명의 병력을 확보한다.

도제 시행에 대해 제주도민이 전폭적으로 지지했던 것 같지는 않다. 주로 우파 진영 지역유지들의 건의와 제주도 군정 당국의 요청에 의해 진행되었는데 제주 인민위원회는 이런 분리를 반대했다. 도제 실시에 따르는 재정 부담과 미 군정의 의도를 의심하고 경계했다.

제주의 시민사회도 급박하게 움직인다. 중앙의 움직임에 발맞추어 제주도 건국준비위원회(이하 건준)가 1945년 9월 10일 제주농업학교 강당에서 결성된다. 제주도 1읍 11개 면에서 대의원 대표 4-6명씩 100여 명이 참가했다.

지도부 대다수는 항일운동을 하거나 해방 후 귀환한 젊은 세대들로 위원장 오대진, 부위원장 최남식[13]이었다. 의료계에서는 조천면 한지의사 김시탁(1911-1948)[14]이 건준 집행위원으로 참여했다.

---

13. 제주농업학교장으로 의사 최정숙의 오빠. 아버지는 제주법원장 최원순. 제주의 엘리트 집안 중 하나였으나 4·3 기간 온갖 고초를 겪음
14. 아버지 김태호는 조천에 신명의숙新明義塾을 설립. 형 김시용은 일제 때 항일운동으로 징역을 살다 1945년 7월 23일 고문 후유증으로 목포형무소에서 옥사. 외숙부는 제주의 대표적인 무정부주의 사상가 고순흠. 김시탁은 조천면 조천리 출생. 의생으로 시작하여 의사 검정시험에 도전, 한지의사 자격증 취득 후 1942년 조천리에서 개업하여 활동

얼마 지나지 않아 제주도 건준은 9월 22일 인민위원회로 개편된다. 인민위원회 간부직은 대부분 건준 인사들이 계승하게 된다.

지도부 가운데 도 인민위원회 보건후생부는 의사 좌창림(1910-1948)[15]이 맡는다. 건준 집행위원이었던 의사 김시탁은 조천면 인민위원회 문교부장을 맡는다. 인민위원회가 벌인 자치운동은 도민의 지지를 받아 행정기관으로 인식될 정도였다. 적어도 4·3의 시작인 1947년 3월 1일 사건 전까지는 제주에서 이들의 영향력이 절대적이었다.

당시 인민위원회는 1946년 전국을 강타한 10월항쟁[16]에도 참여하지 않아 비교적 온건 노선을 유지한 것으로 보인다. 인민위원회 자체가 대중을 포용하는 통일전선적 조직체였다. 미군정과도 직접 대립하지 않았다. 그러나 1947년 3월 1일 사건으로 상황은 바뀌기 시작한다.

김시탁과 좌창림은 당시 30대 중반 나이로 제주 의료계에서 가장 진보적인 인사였다. 해방 정국에서 적극 활동하다가 4·3

---

15. 애월면 곽지리 출신. 곽지리는 제주에서 의료인이 많이 배출된 마을임. 원래 한의학 공부로 시작했으나 현대의학에 관심이 많아 독학으로 30세가 되던 1940년 한지의사 검정시험에 합격. 바로 남제주군 중문면 공의로 발령받아 중문리에서 개업하다가 1943년 한림면 고산리로 이전. 해방 후 개업을 접고 정치 활동에 적극 참여
16. 미 군정의 친일파 관리 고용, 식량 정책 실패 등에 항의하며 대구 시민들이 시위를 벌이자 경찰이 총격을 가하면서 시작. 경찰의 발포로 대구 시민 수백 명이 희생되고, 이후 제주도를 제외한 전국으로 확산되며 두 달 동안 지속

기간에 둘 다 희생된다.

김시탁은 조천면에서 개원하여 활동하다가 해방을 맞았다. 1946년 콜레라 유행 때는 방역 활동에 활발하게 참여한다. 김시탁은 남로당에도 참여하였고 조천면 인민위원회 문교부장도 맡는다. 1946년 10월 29일 전국적으로 실시한 남조선 과도정부의 입법의원 선거에서 구좌면 인민위원회 위원장 문도배와 함께 당선됐다. 그러나 1946년 11월 13일 서울 민전회관에서 기자회견을 자청, 입법의원 참여를 거부하는 강경한 성명서를 발표한다.[17]

좌창림은 애월면 곽지리 출신으로 인민위원회에서 보건후생부를 맡았다가 1947년 2월 민주주의민족전선(이하 민전)으로 전환되면서 선전부장을 맡는다.

해방 후 제주사회를 기록한 신문은 『제주신보』다. 1945년 10월 1일 제주 최초의 우리글 신문인 『제주민보』로 출발하여 1946년 1월 26일 미 군정에 신문사로 등록하면서 『제주신보』로 이름을 바꿨다. 계속 경영난에 시달리면서 의사 박영훈 등 지역 유지 7인이 나서 1947년 1월 1일 법인으로 변경하였다.

---

17. 다른 지역 인민위원회는 입법의원 선거에 참여하지 않음. 제주지역에서는 입법의원 두 명 모두 인민위원회에서 당선됨. 10월항쟁에 참여하지 않고 후에 사퇴하지만 입법의원에 참여한 점 등으로 볼 때 제주지역 사회운동이 상당히 독자적으로 움직였던 것으로 보임

『제주신보』 1947년 1월 1일자

경영난이 해소되지 않자 나중에는 도지사였던 박경훈이 대표를 맡아 운영한다.

『제주신보』는 3·1절 기념식 발포사건부터 총파업, 무장대 습격 사건 등 제주 4·3의 전개 과정을 상세히 기록한다. 1948년 10월 김호진 편집국장은 동료들과 함께 무장대 사령관 이덕구 명의 유인물을 인쇄해 준 혐의로 나중에 계엄 당국에 의해 체포되어 처형된다. 그해 12월 신문은 서북청년단에게 강제로 넘겨진다.

콜레라 유행과 방역 활동

해방 후 미 군정 아래 대흉년과 높은 실업률, 미곡 정책의 실패 등으로 제주사회가 어려움에 처한 상황에서 콜레라까지 유행하게 된다.

제주는 20세기 들어 두 차례 콜레라 유행을 겪는다. 1920년 7월부터 시작한 콜레라는 10월까지 계속되었는데 환자는 9,343명이 발생했고 그 중 4,134명이 사망한다.

1946년 봄부터 중국에서 콜레라가 발생하여 확산세를 보인다. 이 콜레라는 1946년 5월 초 중국에서 동포들을 태우고 부산으로 돌아온 송환선을 통하여 국내로 전파되었다. 제주지역에서는 1946년 6월 10일 첫 사망자가 발생한다. 6월 21일에는 도내 환자 74명, 사망자 20명으로 피해가 확산된다. 제주지역 콜레라 유행은 10월이 되어서야 종식된다.

콜레라가 확산되는 와중인 8월 1일 도제가 실시되자 박경훈 도지사는 보건후생국을 설치하고 동생인 의사 박영훈을 국장에 임명했다. 보건후생국은 총무국, 산업국과 더불어 3대 국 중 하나로 설치되었다. 당시 보건 정책의 중요성을 고려한 것으로 콜레라 방역이 당장의 과제였다.

박영훈은 1931년 경성제일고보를 졸업하고 1937년 경성제국대학 의학부의 전 과정을 마친다. 그 후 전문의로서 실력을 쌓기 위해 동 대학 부속의원 외과 교실에서 2년 7개월 동안 연구 업적을 쌓는다. 그리고 다시 병리학 교실에서 5년 10개월 동안 연구에 매진한다.

이후 귀향하여 제주읍에 개원하여 활동하다가 해방을 맞았다. 보건후생국 초대 국장을 맡은 후에 도내 의료진들과 소통

하면서 콜레라 유행에 발 빠르게 대응한다.[18]

콜레라는 도내 전역에 걸쳐 빠르게 확산되었다. 의약품은 매우 부족했다. 당시 오창흔은 원장으로 도립병원[19] 전 의사들과 함께 환자가 발생한 곳이면 때와 장소를 가리지 않고 치료와 예방에 나섰다. 의료진들은 막중한 책임을 다하기 위하여 마을마다 들어가 환자 치료에 나서다 보니 온갖 수모와 폭력을 감당해야 했다.[20]

의료진들은 위험구역을 돌며 환자를 진료하고 예방대책을 강구하는 한편, 병원 이송과 치료에 미 군정의 협조를 얻어내는 등 헌신적으로 활동했다.

한지의사 김홍기(1894-1973)[21]는 콜레라가 창궐하던 당시 왕진 중에 곤욕을 치른다. 한 마을 입구에 당도했을 때 외부인들의 출입을 통제하던 마을 청년 3명은 통행증 없이 못 들어간

---

18. 얼마 후 보건후생국장을 사직하고 朴의원을 개원. 1947년 오창흔, 문종후 등과 제주도의사회를 결성하고 초대 회장에 오창흔을 추대. 박영훈은 1949년부터 10년 간 회장 역임. 1961년 제주도립병원장으로 취임. 대한결핵협회 제주도지부장, 제주도위생시험소장 등을 겸임해 공공보건에 관심 보임(「김찬흡 선생의 제주인물 대하실록」『제주일보』2021.1.11)
19. 정확한 명칭은 제주도립 제주의원이나 보통 도립병원이라 부름. 실제 명칭도 도립병원으로 개칭된 것은 한국전쟁 이후. 1964년에는 도립병원 서귀분원이 설치되고 1976년에 병원으로 승격
20. 정태무 『제주도 현대의학-여명기 50년의 역사』 한일문화사 1987
21. 제주읍 출생. 1923년에 의생 면허 취득. 일본으로 건너가 도쿄의과대학에서 6개월간 연수를 마치고 구좌면 김녕리에서 개원해 활동. 1944년 한지의사 자격 취득. 1949년 12월부터 도립병원 의사로 근무. 1951년 5월 이후는 지방보건진료소를 순회하며 주민의 보건위생을 돌봄

다고 버티면서 왕진 가방을 빼앗으려 했다. 김홍기는 순간 우람한 손으로 젊은이의 손목을 움켜잡아 비틀고 청년은 손목을 빼려고 안간힘을 썼으나 꼼짝 못했다. 이 일이 있고 난 후 주민들은 콜레라 퇴치를 위해 노력하는 의사들의 진의를 깨닫고 자진 협조했다고 한다.[22]

[표 2]는 당시 의료인들의 활동을 정리해 놓은 것이다.

[표 2] 1946년 콜레라 창궐 시 제주 의료인들의 활동 상황[23]

이름	면허유형/직책	활동 내용	출처
오창흔	의사/도립제주의원장	콜레라 예방강습회에 의사 파견, 방역 현장 지휘 및 환자 진료	『제주도 현대의학』 90-91쪽
김시존	의사/도립제주의원	콜레라 현장서 방역	『제주도의사회 60년사』 642쪽
고영은	의사/도립제주의원	콜레라 현장서 방역	『제주도 현대의학』 141-142쪽
박영훈	의사/도 보건후생국장	콜레라 방역 총괄 지휘	『제주도의사회 60년사』 457-458쪽
현제탁	의사/남군보건소장	콜레라 방역 등 공중보건에 이바지	『제주도의사회 60년사』 601쪽
박영화	의사	콜레라 현장서 방역	『제주도 현대의학』 134쪽
강향윤	의사	콜레라 현장서 방역	『제주도의사회 60년사』 622쪽
강황렬	의사	콜레라 현장서 방역	『제주도의사회 60년사』 622쪽
김문숙	의사	콜레라 현장서 방역	『제주도 현대의학』 129쪽
채창배	의사	콜레라 현장서 방역	『제주도 현대의학』 133쪽
정태무	의사	콜레라 현장서 방역	『제주도의사회 60년사』 636쪽

22. 정태무 『제주도 현대의학-여명기 50년의 역사』 한일문화사 1987
23. 고경호 「일제강점기 제주지역 의료인의 활동 연구」 석사학위 논문, 제주대학교 대학원 2021년 8월

김경지	의사	콜레라 현장서 방역	『제주도 현대의학』 146쪽
김형영	한지의사	콜레라 현장서 방역	『제주도의사회 60년사』 599쪽
신상근	한지의사	콜레라 현장서 방역	『제주도의사회 60년사』 602쪽
김시탁	한지의사	콜레라 현장서 방역	『제주도 현대의학』 136쪽
김홍기	한지의사	콜레라 현장서 방역	『제주도 현대의학』 62-63쪽
양한경	한지의사	콜레라 현장서 방역	『제주도 현대의학』 132-133쪽
전명식	한지의사	콜레라 현장서 방역	『제주도 현대의학』 136쪽
김동수	한지의사	콜레라 현장서 방역	『제주도 현대의학』 150쪽
현지준	의생/ 서귀면장	콜레라 방역 및 식량난 해결	『제주도의사회 60년사』 564쪽
김종화	의생	콜레라 현장서 방역	『제주도 현대의학』 79쪽
장봉익	의생	콜레라 현장서 방역	『제주도 현대의학』 58쪽

    작가 현기영은 장편소설 『제주도우다』에서 콜레라 유행 당시 상황과 도립병원 간호원의 방역 활동에 대해 자세히 묘사한다.[24]

    1946년 콜레라 유행으로 제주지역에서는 741명의 환자가 발생하고 이 중 390명이 사망했다. 전국 환자(15,451명)의 4.79%, 전국 사망자(10,019명)의 3.89%에 그치는 수치다. 1920년 콜레라 유행 시에 비교하면 훨씬 나은 결과다.

    26년 만에 재창궐한 콜레라 사태에서 전국 환자와 사망자 중에서 제주지역 환자와 사망자의 비중이 각각 34.14%, 26.57% 포인트 감소했다.

24. 현기영 『제주도우다』 창비 2023

[표 3] 1920년과 1946년 콜레라 창궐 시 피해 현황 비교[25] (단위 : 명, %)

구분		전국	제주	전국 대비 제주 비중(%)
1920년	환자	24,229	9,434	38.93
	사망자	13,568	4,134	30.46
1946년	환자	15,451	741	4.79
	사망자	10,019	390	3.89

콜레라 방역의 공로를 인정하여 보건후생부는 제주지역 4명에게 표창장을 수여하는데 의료인은 의사인 김시탁, 김대홍(1910-1987) 2명이었다.[26]

김시탁은 건준, 인민위원회 간부진으로 참여할 정도로 사회활동에도 적극적이었으며 의사로서 콜레라 방역 활동에도 헌신적이었다. 김대홍은 우익 청년단체인 대동청년단에서 활동하기도 했다. 후에 보건후생국이 보건계로 축소되면서 김대홍은 보건계장을 맡았다가 나중에 도립병원장에 취임한다. 병원장 재임 중인 1950년 8월 '제주도 유지사건'(5장 〈제주도 유지사건〉 항목 참조)으로 구금되어 고문을 받는 등 고초를 겪는다.

콜레라 유행 후에도 여러 전염병이 수시로 제주도민들을 괴

---

25. 고경호 「일제강점기 제주지역 의료인의 활동 연구」 석사학위 논문, 제주대학교 대학원 2021년 8월
26. 고경호 「일제강점기 제주지역 의료인의 활동 연구」 석사학위 논문, 제주대학교 대학원 2021년 8월

롭혔다. 『제주신보』는 장티푸스 발생에 대해 아래 기사를 싣기도 한다.

> "작년 호열자의 쓰라린 시련을 받은 본도에 또 다시 무서운 전염병 장질부사가 구좌면 우도에 발생하였다. 현재 위독 상태의 환자가 6명이고 용의자가 5, 6명이라 하며 방역상 우도와 본도 간에는 교통차단을 하고 있다."(『제주신보』1947.4.12)

콜레라 유행이 마무리될 무렵 오창흔이 도립병원장에서 물러나고 문종혁(1920-1956)[27]이 새로 원장으로 취임했다. 문종혁은 1년이 약간 넘는 재임 기간 중 순탄치 않은 시간을 보낸다.

문종혁은 해방 후 귀국하여 고향으로 돌아와 도립병원장을 맡게 되었다. 1947년 3·1 사건 이후 부임한 유해진 도지사와 갈등을 빚다가 1948년 1월 도지사에 의해 해직 당한다.

병원장을 그만둔 후에는 제주읍 중심가에서 개원하여 명성을 날린다. 4·3항쟁 기간 속출하는 부상자 치료에 매달렸고 초토화 작전 이후 중산간 마을에서 소개되어 온 피난민들을 돌보느라 바쁜 시간을 보내야 했다. 한국전쟁 후 제주로 들어

---

27. 제주읍에서 출생하여 초중등 교육과정을 마치고 의사가 되기로 결심하여 만주의 하얼빈의대에 진학. 졸업 후 하얼빈시립병원에서 내과의로 근무하면서 의대 강의도 함. 1946년 10월-1948년 1월 도립병원장을 역임하다 1948년 남문로 입구에 문종혁의원을 개원, 소아과로 명성 높임

온 피란민 진료에도 정성을 다한다.[28]

해방 직후 의료계 현황

　미 군정은 우리나라 행정 체계를 미국식으로 바꾸는 행정 조직 개편을 진행했다. 의료에서도 시장주의 정책이 전면 도입된다.

　제주 군정청에는 법무관, 정보관, 공보관, 재산관리관, 의무관 등으로 파견된 미군 장교들이 존재했다. 그 중 의무관으로 임명된 슈미트 대위는 도내 보건 문제에 큰 영향을 미쳤다.[29] 1947년에는 마틴 대위가 의무관으로 임명된다.

　1946년 8월 도제가 도입되면서 도에 보건국이 설치되었다. 박영훈, 송한영 등이 보건후생국장을 역임했다. 총무국, 산업국, 보건후생국 등 3국 아래는 12개 과가 설치되었는데 보건국에는 보건과와 후생과 2개 과가 존재했다.

　나중에 보건행정 기구가 축소 개편되어 보건후생국이 폐지되고 대신 총무국 사회과에 보건계가 설치된다. 그리고 의사

---

28. 정태무 『제주도 현대의학-여명기 50년의 역사』 한일문화사 1987
29. 제주도의사회 『제주도의사회 60년사 1945-2005』 2006

1946년 10월, 도립병원 문종혁 원장 취임 기념 사진. 앞줄 왼쪽에서 세 번째부터 의사 김시촌, 의사 고영은, 원장 문종혁, 직전 원장 오창흔, 의사 장시영, 약제사 김두봉, 외과 조수

김대홍이 초기 보건계장을 맡는다.

한국전쟁 중에는 육지 의사들이 대거 들어오고 전시 체계의 구호병원, 임시 진료소 외에도 육군제1훈련소의 육군98병원 등이 혼재하는 양상을 보인다.

해방 후 일본인 의사들이 빠져 나가면서 의사 수는 오히려 감소한다. 당시 제주지역 의료기관은 도립병원과 의원 22개소[30]에 불과했다. 도립병원은 해방 후에도 도내 유일한 병원

---

30. 제주읍 3개소, 치과 1개소, 서귀포, 중문, 표선, 고산, 대정, 김녕 각 2개소, 귀덕, 성산포, 함덕,

1947년 미 군정청 의무관으로 부임한 마틴 대위와 도 의사회 간부, 도립병원 의사들의 기념 촬영

이었으므로 4·3의 소용돌이를 피하지 못한다. 콜레라 방역을 마치고 1946년 10월에 오창흔이 사직하면서 문종혁이 원장에 취임한다.

그러나 1947년 3·1 사건으로 박경훈 도지사가 물러나고 대신 타지역 출신 극우 성향의 유해진이 도지사로 취임하면서 편파적인 인사 정책을 펼침에 따라 문종혁은 1948년 1월 해임된다. 이어서 유해진에 의해 보건후생국장으로 임명된 타지역 출신 의사 송한영이 원장을 겸한다.

세화, 한림, 애월, 조천 각 1개소

4·3항쟁 시발 시점인 1947년 3월 무렵 제주 도내 의사는 총 49명이었다. 정규 의사는 27명으로 공의 12명, 취업의 4명, 개업의 11명이었다. 한지의사는 17명, 의생은 5명이었다.

이외에 치과의사 1명, 한지치과의사 1명, 산파 2명, 간호원 5명, 약제사 1명 등이었다. 이들을 모두 합쳐도 60명을 넘지 않는다.

당시 제주지역 인구는 1946년 9월 기준으로 276,000명이었다. 의사가 49명이었으므로 의사 한 명이 담당하는 인구가 5,600여 명에 달하는 상황이었다.

[표 4] 연도별 제주지역 의사 수 현황[31]

연도		1920년	1930년	1940년	1944년	1947년 3월
조선인 (한국인)	의사	3	3	11	23	27
	한지의사	0	1	12	18	17
	의생	10	23	25	19	5
	입치	0	2	2	2	
일본인	의사	4	6	6	6	
	한지의사	3	5	7	7	
계		20	40	63	75	

오히려 약품 판매 허가를 받은 약종상이 의사들을 합친 인원보다 많았다. 1948년 말 기준으로 제주에서 132명의 약종

---

31. 고경호 「일제강점기 제주지역 의료인의 활동 연구」 석사학위 논문, 제주대학교 대학원 2021년 8월. 비교를 위해 1947년 3월 자료를 추가

상이 일했던 것으로 보인다. 해방 이후 자격을 취득한 인원을 감안하더라도 해방 직후 100명 이상은 되었을 것이다.

해방 후 약종상 면허 시험은 보건소에서 관리하였다. 상대적으로 면허 취득이 쉬워 인원이 많은 편이다.

[표 5] 1948년 말 현재 도별 의료기관(병원) 및 의료인의 수[32]

구분	병원	의사	한지의	의생	치과의사	약제사	산과	간호과	제약	약종상
남한전체	53	3,569	704	1,578		849	1,358	1,350	81	6,550
서울	13	2,044	8	99	733	604	796	667	58	423
경기도	6	349	125	215	320	65	163	145	8	1,127
충청북도	3	74	48	147	90	8	25	46		331
충청남도	3	121	105	165	23	22	33	47		635
전라북도	4	137	51	194	40	32	53	62	1	805
전라남도	5	225	115	101	45	21	69	115	2	747
경상북도	8	281	108	283	63	33	67	95	2	1,104
경상남도	5	228	71	312	80	55	83	80	7	992
강원도	5	102	53	75	30	9	63	72	2	251
제주도	1	8	20	5	8		6	10	1	132

* 병원(의원 제외) : 관립, 공립 및 사립 포함
　의료인 : 한국인 및 외국인 포함
　출처 : 조선은행 조사부 편 『1949년판 경제연감』 IV-23, 서울 1946

32. 박인순 「미 군정기 제주도 보건의료 행정 실태」, 『제주도연구』 제19집 2001.6

[표 5]를 통해 4·3의 광풍이 휩쓸던 1948년 말 의료인 현황을 보면 정규 의사 8명, 한지의사 20명, 의생 5명, 치과의사 8명, 산파 6명, 간호원 10명이다. 다른 직종은 조금씩 증가하지만 정규 의사는 1947년 3월 27명에서 8명으로 급감한다. 이는 4·3의 여파로 보인다.[33]

당시 의료기관과 의료인들

[표 6]은 1947-1948년 무렵 제주도의 지역신문인 『제주신보』에 보도된 기사를 토대로 작성한 당시 제주의 병의원 관련 리스트다.[34]

한국전쟁 직후인 1953년에는 병원 1개소, 의원 28개소, 치과의원 6개소, 한의원 3개소, 공의진료소 14개소 등 모두 52개소로 늘어나는데 4년 후에는 다시 43개소로 감소했다.

1947-1948년 무렵 제주지역에서 활동하던 의사, 한지의사, 의생, 치과의사를 정리하면 다음과 같다.

---

33. 박인순 「미군정기 제주도 보건의료 행정 실태」 『제주도연구』 제19집 2001.6
34. 박인순 「미군정기 제주도 보건의료 행정 실태」 『제주도연구』 제19집 2001.6

[표 6] 1947년 내지 1948년 현재 제주도의 병의원

병의원명	위치(공란은 대체로 제주읍으로 추정)	원장	자료: 제주신보(연월일)
제주도립의원		문종혁(文鐘爀)	
정화의원	제주읍 삼도리	최정숙(崔貞淑)	1947.1.1
제주치과의원	제주읍	김병식(金秉式)	1947.2.14 1947.2.24
박의원	제주읍 일도리	박영훈(朴永勳)	1947.2.24
김치과의원		김한조(金漢祚)	1947.2.24. 1947.8.20
제중의원		이승호(李承瑚)	
중앙의원			
십자의원		문종후(文種厚)외과 부기선(夫基善)내과	1947.4.2
대중의원		박영화(朴永華)	1947.5.12. 1948.1.12
후생의원		오창흔(吳昶昕)	1947.6.16
회춘의원	조천면 함덕리	신상근(愼庠根)	1947.8.20
김의원		김문숙(金文淑)	1947.8.20
제생의원		고두문(高斗文)	1947.8.20
전의원		전명식(全明植)	1947.8.20
보성의원	제주읍	현재탁(玄才卓)	1947.8.20. 1948.1.16
장산부인과의원		장시영(張時英)	1947.9.30
민생의원	제주읍 일도리	김시존(金時存)	1947.12.18
근춘의원			1948.1.22
문의원	제주읍	문종혁(文鐘爀)	
회생의원		부기선(夫基善)	
서귀의원	서귀면	현도(玄棹)	
한림의원	한림면	김동수(金東秀)	1948.1.20
구좌의원	구좌면	김대홍(金大洪)	

정태무의 책³⁵과 제주도의사회의 기록³⁶ 등에 주로 등장하는 이들이다.

시골에서 활동하던 의사들 이름은 빠졌는데 상대적으로 이들에 대한 기록은 빈약하다. 이들 중에도 4·3 기간 희생되기도 했다. 육지에서 개원해 활동하는데 4·3 때 잠깐 고향에 들렀다가, 아니면 막 의사 자격증 취득하고 귀향해 일자리를 찾다 희생되기도 했다.

의사는 강항윤(1913-1961), 강황렬(1915-1949), 고영은(1922-1986), 김경지(1920-2000)³⁷, 김동수(1919-1954), 김문숙, 김시존(1917-1980), 김완근(1924-), 김여신(1917-1990)³⁸, 문종혁, 문종후, 박영화(1918-1947)³⁹, 박영훈, 부기선(1907-1981), 오창흔, 이승호(1913-1950), 장시영(1922-1017), 정태무, 채창배, 최정숙, 현재탁(1904-1986)⁴⁰ 등이다.

한지의사는 김대호, 김대홍, 김성근, 김시탁, 김형영(1904-

---

35. 정태무 『제주의 현대의학-여명기 50년의 역사』 한일문화사 1987
36. 제주도의사회 『제주도의사회 60년사 1945-2005』 2006
37. 구좌면 출신. 일찍이 부모를 따라 일본 오사카로 건너갔으나 의대 진학이 어려워 만주로 넘어가 용정개척의학원을 수료하고 의사가 됨. 1945년 고향에 개원. 1975년 공의로 북제주군 보건소 소장을 3년간 역임
38. 1946년 한림면 한림리 제성의원 개원. 군의관으로 8년(1952-1960) 봉직 후 한림에서 다시 의원을 열었고 1978년부터 북제주군 보건소 소장
39. 애월면 곽지리 출신. 독학으로 21세인 1942년 의사면허 자격 취득. 대정면에 대중의원 개원
40. 1926년 의생 시험, 1941년 의사 검정시험에 합격하고 서귀포에 보생의원 개원. 1971년 남군보건소장 취임

1971)⁴¹, 김홍기, 신상근(1906-1986)⁴², 안영훈, 양한경(1911-1970)⁴³, 유봉우(1913-1964)⁴⁴, 장시현(1916-1950), 전명식(1914-1987), 좌창림 등이다.

의생은 김광현(1889-1954)⁴⁵, 김중화(1903-1978)⁴⁶, 장봉익(1878-1956)⁴⁷, 좌임관(1889-1971)⁴⁸, 최제두(1887-1957), 현지준(1884-1967)⁴⁹ 등이다.

치과의사로는 김한조(1913-1966), 김병식(1921-1985)이 있었다. 김한조는 1913년 제주읍에서 출생했다. 가정형편이 어려워 진학을 못 하고 입치사 김수만 아래 들어가 기술을 익히면서 공부하여 1939년 26세에 치과의사 자격시험에 합격한다. 제주읍에 송제치과를 개원했다. 제주 출신 치과의사로 첫 치과 개업의였다.

---

41. 안덕면 화순리에 수성의원 개원, 1942년 한림면 귀덕리로 자리 옮김
42. 의사 김유돈 아래에서 수학. 1940년 35세에 한지의사 자격을 취득. 조천면 함덕리에 회춘의원 개원하여 활동
43. 한림면 출신으로 초등교육을 마치고 일본으로 건너감. 독학으로 공부해 1942년 한지의사 자격 취득. 1942년 한림면 한림리에서 호남의원 개원
44. 대정면 상모리 출신. 오사카 명치침구학교에서 과정 이수하고 침구사 자격 취득. 1948년 한지의사 시험 합격, 1949년 고향에서 제민의원 개원
45. 1928년 의생이 되어 표선면 표선리에 광생의원 개원. 1954년 작고할 때까지 계속 진료
46. 1929년 의생 시험에 합격. 그 해 중문면에 십자의원 개원
47. 장시현, 장시영의 부친, 1916년 애월면 애월리에서 춘헌의원 개원
48. 제주 서쪽 고산지역에서 삼성三眚의원 개원. 수월봉 정상 길 아래 '한의사 좌임관 선생 기념비' 세워짐
49. 유명한 서예가 소암 현중화의 아버지, 서귀면장 역임

김병식은 제주의 두 번째 치과의사다. 일본의 관서치과학교를 졸업하고 1948년 치과의사 자격을 취득하였다. 제주 북초등학교 앞에 제주치과의원을 개설하여 36년 동안 진료를 했다.

등록된 약제사는 제주 도내에 김두봉이 유일했다. 대정면 동일리 출신인 김두봉은 관덕정 근처에서 제주약방을 운영하면서 도립병원 약제과장도 겸했다. 김두봉이 운영하던 제주약방은 제주 중심가에 위치해 민주주의민족전선(민전) 간부들이 자주 모이는 공간 중 하나였다. 김두봉은 남로당원으로 활동했는데 상부 지령문 등을 약방의 물품 반입 과정에서 끼여 들여오곤 했다.

항일운동으로 투옥 경력도 가지는 이경선은 1942년 일본 고베약학전문학교를 졸업하고 일본에서 약제사 자격을 취득했다. 1947년 귀향 후 대정면에서 교사로 활동하면서 3·1 사건 당시 적극 활동하다가 경찰에 연행되고 석방 후에는 다시 일본으로 피신한다. 일본에서 약국을 운영하다가 재일동포 복송사업 때 북한으로 갔는데 이후 행적은 알려지지 않는다.

시기적으로 약간 늦었지만 제주 1호 약사로 언급되는 강연주는 1948년 이화여자대학교 약학과를 졸업하고 1949년 약제사 면허를 취득한다. 귀향 후에 신성여중에서 교사로 근무

일제강점기 제주 읍내 칠성통의 일본인 잡화점인 반상점(伴商店). 상점 왼쪽이 김두봉 운영 제주약방

하다 목포로 발령 나 제주를 떠난다. 나중 부산에 정착하여 약국을 개원한다.[50]

약종상은 1948년 말 기준 132명인데 이들은 보통 약방이나 한약방을 개설해 운영하였다. 당시 금강약방[51], 광제약방, 동성약방, 인수당건재약방(김재홍), 제일약방(김태환), 도화당한약

---

50. 제주도, 제주도여성특별위원회『시대를 앞서 간 제주 여성』 2005
51. 무장대 핵심 인물인 조몽구가 한참 피신해 숨었었다는 기록 보임

방, 수생당한약방(김균배), 영주당한약방 등이 존재했다. 농촌 마을에서는 약종상들이 약방을 운영하면서 농사를 짓는 경우도 많았다. 양약은 구하기 어려워 주로 한약을 다루는 한약방을 운영하였다.

약종상들은 마을에 약방을 개설하여 주민들에게 약을 팔지만 의사가 부족한 시기에 가장 일선에서 주민의 건강을 챙기는 역할을 맡았다. 지역사회와 유대가 강하기에 4·3의 영향도 크게 받았을 것이다. 1954년 기준으로 약종상이 55명 등록되었는데 1948년 말과 비교하면 절반 이상 감소한 숫자이다.

약종상 김경종은 유학자로 제주 읍내 칠성로에서 한약방을 운영했다. 아들 김창진이 김천형무소에 수감되었다가 한국전쟁으로 사망했다. 뒤늦게 발간된 그의 문집 『백수여음(白首餘音)』에서는 학살 책임자 이승만을 통렬히 성토한다. 1950년에 쓴 「이승만 성토문」에는 다음과 같은 내용이 보인다.

"옛날 항적은 진나라의 항복한 병사 40만여 명을 살해하였다. 만세에 모두 무도하다고 일컫는다. 지금 이승만이 나라 안 죄수 수십만여 명을 죽였으니 포학무도함이 항적과 더불어 어떠한가?"

해방 후 제주에서 활동하는 간호사는 그리 많지 않았다.

1943년, 도립병원에 근무하던 간호사 세 사람이 사직하면서 찍은 기념 사진. 앞줄 의자에 앉은 순서로 오른쪽부터 김복실, 김영희 그리고 일본인 간호사. 뒤에 선 간호사들 중 김영희 뒤쪽이 당시 간호부장 강복순

1947년 3월 기준, 5명 등록으로 나타난다. 지금은 의사 수에 비해 간호사 수가 월등하게 많지만 당시는 간호사가 일할 병원이 많지 않아 간호사 수가 적었다. 그리고 간호사 업무가 주로 여성의 일로 여겨졌으므로 여성의 학업이나 사회진출에 대한 부정적인 시각 또한 간호사 배출에 장애로 작용했다.

간호사로 고옥순(1930-?), 김순자, 안정숙 등이 확인된다. 고옥순, 안정숙은 당시 도립병원에서 근무하였다. 사진에서 보듯이 간호사 강복순, 김복실, 김영희 세 사람은 1943년 도립병원을 사직했다. 강복순은 사직하고 간호사 일을 하지 않았으며 김복실, 김영희 두 사람은 어떻게 지냈는지 확인되지 않는다.

고옥순은 서대문형무소 수형자 명단에 기재되었다. 당시 18세로 1948년 12월 13일 징역 5년을 선고받고 복역하다가 한국전쟁 발발로 출옥하는데 이후 행방은 알려지지 않는다. 김순자(당시 17세, 제주읍 이호리 출신)는 무장대 의료반에서 활동하다가 1952년 생포되었다고 보도되었다.

제주 출신 조경순은 간호원 자격 취득 후 광주 병원에서 근무하다 여순사건 때 지리산으로 입산, 게릴라로 활동하다 생포된다.

산파로는 일본에서 자격을 취득한 한려택이 꼽힌다. 한려택은 제주부녀회를 조직하고 회장을 역임하며 대한적십자사 조직위원으로도 활동했다. 1948년 말 농업학교 천막수용소에 구금되었다가 고초를 겪고 풀려났다. 간호사 강복순도 1943년 도립병원을 사직한 후 산파 자격을 취득하여 한동안 활동한다.

4·3 기간 여성에게 가해진 폭력 중 하나가 강제결혼이다. 도립병원에 근무하던 간호사 한 명이 당시 눈독 들인 헌병대 군인의 갖은 협박 끝에 강제로 결혼 당했다는 증언도 보인다. 4·3 피해자 재심 법정에서 한 할머니는 다음과 같이 증언한다.[52]

---

52. 이동건 「'30명 전원 무죄' 11차 제주4·3 직권재심 70여 년 한 풀었다」『제주의 소리』

"4·3 당시 9연대에 이어 2연대가 들어오고 나서 헌병대가 집에 쳐들어 왔다. 당시 언니가 도립병원에서 간호원으로 일했었는데, 매를 맞으면서까지 토벌대에게 시집을 갔다. 아버지는 멸족은 면해야 한다며 억지로 언니를 토벌대와 결혼시켰다. 타지로 갔던 언니는 현재 92세로 대구에 산다. 이후 불행한 결혼 생활이 이어졌고 가정도 파탄 났다."

다른 사례지만 도립병원 총무과 직원이었던 채길두(1916-?)도 다음과 같이 증언한다.

"내가 아는 양 아무개는 죽을 거였는데 서청단장 김재능이 그의 누나를 빼앗는 조건으로 목숨을 살려 주었어. 서청 출신 김묵도 성산포에서 맘에 드는 여자를 빼앗아 살았고"

4·3 기간 제주의 의료인들은 신념에 따라 적극적으로 정치활동에 뛰어들거나, 사회 지도층으로서 역할을 다하려고 노력했다. 마을 주민의 한 사람으로 살아가다가 광풍에 휘말려 희생되기도 하고 가족이나 친척을 잃는 아픔을 겪기도 했다. 4·3 시기에 육지나 일본으로 피신하거나 묵묵히 의료현장을

지킨 이들도 존재한다. 소용돌이를 단순히 피해 숨기는 불가능했다.

보건소와 적십자사

　제주 보건소의 첫 설치는 1947년이다. 제주도립보건소가 제주읍에 설치되고 이어서 한림면에 북제주군보건소가, 서귀면에 남제주군보건소가 설치된다.

　각 읍면에는 공의公醫가 배치되었다. 공의는 자기 진료소를 운영하면서 계약을 맺고 일정하게 공공 업무를 수행한 듯 보인다.

　해방 후 적십자사가 설립되고 제주 의료인들도 적극 참여했다. 1946년 조선적십자사 60명의 창립위원에 제주도 최남식, 김두훈, 문종혁, 한려택 등이 참여하였으며 1947년 3월 16일 조선적십자사 창립대회가 열렸고 이어 1947년 5월 15일에는 조선적십자사 제주지사가 발족했다.

　1948년 대한민국 정부가 수립된 이후 조선적십자사는 명칭만 대한적십자사로 변경하고 계속 사업을 진행하였다. 그러다 1949년 4월 30일 대한적십자사 조직법이 공포된다. 이 법에 따라 10월 1일 지방대회를 열고, 제주도지사를 재조직한다.

일제강점기 박종실상점 모습

초대 지사장에는 박종실(1885-1966)[53]을 선출하고 부이사장 최정숙, 상임위원으로 박영훈, 문종혁 등이 참여했다. 박종실은 전 도지사 박경훈과 의사 박영훈의 아버지다. 1905년 잡화상으로 출발해 부를 일궈 해방 후에는 제주 최고 갑부가 된다.

1948년 4월, 제주 4·3과 여순사건 등으로 많은 희생자가 발생하자 조선적십자사는 군 의료반을 지원하였고, 민간인 피해자들에게 의약품과 의류를 나누어준다.

구체적으로 제주 피해자 5,608명에게 의약품 2,000명분, 위문품 3,502점, 그리고 의류 106점 등을 배급하였다. 여수와 순천에서는 피해자 4,000명에게 두 번에 걸쳐 의약품 1,000명분과 의류 3,013점 등을 지급하였다.[54]

한국전쟁 때는 서울적십자병원이 제주로 피난 와서 서귀포에 적십자피난병원을 개설하여 운영한다. 1960년에는 제주적십자의원을 개설하여 1968년 폐업할 때까지 진료 활동을 지속한다.

---

53. 1905년 제주 최초의 상점인 '박종실상점'을 개점. 소매상과 무역업으로 제주지역 최고 부자가 됨. 4남 1녀로 장남은 도지사를 지낸 박경훈, 차남은 의사 박영훈, 3남 박태훈(남양문화방송 창업주), 4남이 박충훈(국무총리, 1979년 10월 26일 이후 대통령 권한대행)
54. 대한적십자사 『한국적십자운동 100년 : 1905-2005』 대한적십자사

일제강점기 군사기지였던 제주가 해방 후에는 미군에 의해 군사기지화할 우려를 나타내는 보도들이 이어졌다. 제주도가 군사적략적으로 매우 중요했기 때문이다.

3장

1947년 3월 1일의 총성

민주주의민족전선(민전)의 결성

　1947년 2월 17일, 28주년을 맞이하는 3월 1일을 도 전체 행사로 성대하게 품격을 갖춰 거행하고자 3·1투쟁기념준비위원회가 결성된다. 17일 오후 2시에 관공서를 비롯한 사회단체, 교육계, 유교, 학교단체, 의료계 등 각계각층을 총망라한 인사 다수가 읍내 김두훈 집에서 회의를 하고, 3·1 기념행사의 모든 문제를 준비위원회에 일임하기로 하였다.

　이어서 위원장에 안세훈, 부위원장에 현경호, 오창흔(전 도립병원장)을 추대하는 동시에 총무부, 재정부, 선전동원부 등 부서가 설치되고 위원 28명이 선정된다.

　며칠 후인 2월 23일에는 조일구락부에서 민전 결성식이 개최된다. 5백여 명이 참석하여 제주 민전 위원장에는 안세훈, 이일선, 현경호 3명을 추대한다. 부위원장에 김택수, 김용해, 김상훈, 오창흔 4명, 집행위원에는 김정노 등 33명이 선출된다.

위원장인 안세훈은 조천면 출신의 유명한 항일독립운동가였고 이일선은 관음사 주지로 종교계를, 현경호는 제주중 교장으로 교육계를 대표했다.

의료계에서 전 도립병원장 오창흔이 3·1투쟁기념준비위원회 부위원장과 민전 부위원장을 맡았다. 의사 좌창림은 민전 사무차장 겸 선전부장을 맡았다.

오창흔은 1946년 콜레라 유행 당시 도립병원장으로서 방역 활동에 혼신의 노력을 기울였다. 콜레라 유행이 끝나는 1946년 10월 무렵 도립병원장을 사직한 그는 후생의원을 개원해 활동하며 1947년 제주도의사회[01]를 결성, 초대 회장을 맡는다. 경

오창흔

---

01. 1947년 6월 8일, 도내 의사 20여 명으로 제주도의사회 결성

력으로 볼 때 그는 당시 제주 의료계를 대표하는 인사였다.

　좌창림은 인민위원회에서 보건후생부를 맡았다가 1947년 2월 민전으로 전환된 후 사무차장과 선전부장을 맡는다. 이후 좌창림은 경찰에 의해 지명수배를 받아 도피하다가 1948년 1월 12일 검거되고 80여 일 후, 4·3 봉기 직전인 3월 26일 석방된다.[02]

　민전 결성식에서는 인민항쟁에 쓰러진 투사들의 유가족 후원금과 앞장서 투쟁하는 현호경, 강성렬에게 보낼 격려금과 의복 등의 비용으로 기금 3,300여 원을 모았다.[03]

　강성렬은 표선면에서 침구업을 하면서 제주 청년동맹 조직부장을 맡았다. 1946년 무허가 집회 및 불온한 격문을 붙인 혐의로 체포되어 목포형무소에서 징역을 살던 중 1947년 5월 출옥한다. 그 후 귀향하여 활발히 활동한다. 남로당 간부이기도 했던 강성렬은 입산하여 1948년 4월 3일 성산포지서 습격을 지휘했다고 한다.

---

02. 『제주신보』 1948.1.14, 1948.3.30
03. 제주4·3사건진상규명및희생자명예회복위원회 『제주4·3사건 자료집1』 2001

3·1 사건과 3·10 민관 총파업

　민전은 결성과 더불어 3·1 기념행사의 성공적 개최를 준비하였다. 1947년 3월 1일 오전 11시 '제28주년 3·1 기념 제주도대회'가 북국민학교에서 열린다. 당시 대회 참석자는 3만여 명으로 전체 도민의 10%에 해당하는 대규모 인파였다. 지역별로도 집회가 이루어졌다.

　행사가 끝나고 가두 행진이 이어지는데 기마경찰이 아이를 치고 그냥 지나갔고, 이제 주변에서 관람하던 군중이 야유하며 몰려들기 시작했다. 일부 군중들은 "저 놈 잡으라"고 소리치며 돌멩이를 던지며 쫓아갔다.
　당황한 기마경찰은 군중에 쫓기며 동료들이 지키던 경찰서 쪽으로 말을 몰았고, 그 순간 총성이 울렸다. 당시 관덕정 앞에는 육지에서 내려온 응원경찰[04]이 무장한 채 경계 중이었는데, 군중들이 몰려오자 경찰서를 습격하는 줄 알고 일제히 발포한 것이었다.

---

04. 제주도에서 채용되지 않고 육지에서 내려온 경찰. 1947년 2월 23일 3·1 기념대회에 치안 목적으로 온 충남북 경찰 100명, 1948년 4월 3일 무장봉기 후 4월 5일 제주도로 온 전남지역 경찰 100명이 해당됨

4·3 당시 관덕정

이 발포로 민간인 6명이 숨지고 6명이 중상을 입는다. 희생자 가운데는 국민학생과 젖먹이를 품에 안은 20대 여인도 포함되었다. 이 날의 발포는 위협의 수준을 벗어난 것이었다. 희생자 대부분 경찰서에서 멀리 떨어진 노상이나 도립병원으로 가는 골목 모퉁이에 쓰러진 것이다. 도립병원의 검안 결과 희생자 중 1명을 뺀 나머지는 모두 등 뒤로 총탄을 맞았음이 판명됐다.

여러 정황으로 볼 때, 공포만 쏘아도 군중들이 흩어질 상황이었는데도 사상자가 10여 명이 발생, 심각한 사회문제로 대두된다.

이날 도립병원 앞에서는 두 번째 발포 사건이 발생한다. 당시 도립병원에는 그 전날 교통사고를 당한 한 응원경찰이 입원했었고, 동료 2명이 경호 역할로 병원에 함께했다. 그런데 갑자기 관덕정 쪽에서 총성이 나고, 피투성이 된 부상자들이 업혀 들어오자 경호 경찰 중 한 명인 이문규(충남 공주경찰서 소속) 순경이 공포감을 느낀 나머지 소총을 난사하여 행인 2명에게 중상을 입힌다.

당시 중앙지 가운데 『독립신보』[05]가 이 발포 사건의 진상을

---

05. 1946년 5월 1일 서울에서 타블로이드판 2면으로 창간된 일간신문

1947년 제주 3·1 집회 모습

중점 취재하여 1947년 4월 5일자 2면에 15꼭지나 되게 상세히 보도한다.『독립신보』의 편집국장 고경흠[06]과 김호진[07] 기자가 제주 출신이어서 취재와 보도에 더 적극적이었을 것이다.

취재진은 도립병원을 방문하여 의료진을 취재한 후 세 꼭지에 걸쳐 보도한다. 내용은 「군중은 무저항 / 도립병원 내과과장 김시존金時存[08] 씨 담」, 「너무도 난폭 / 도립병원 안과과장 김완근金完根[09] 씨 담」, 「나도 위협을 받았다 / 도립병원장 문종혁文鍾爀 씨 담」이다.

"경관의 총탄에 쓰러진 피해자를 검진한 결과 한 사람만 빼놓고 나머지는 전부가 뒤를 맞은 것이 판명되었으며 피해 장소를 보건대 경찰서와는 상당히 떨어진 큰 건물의 처마 밑 또는 골목 한 모퉁이였다. 이것만 보더라도 그들은 피해서 가는 군중

---

06. 안광천 한위건과 함께 당대 최고 사회주의 이론가이자 항일독립운동가
07. 서귀포 출신. 1947년 8월 27일『독립신보』사직. 1948년 당시 사장인 박경훈에 의해『제주신보』제2대 편집국장으로 기용됨. 1948년 10월 무장대 사령관 이덕구 명의의 대정부 선전 포고문과 호소문을『제주신보』사에서 인쇄해줬다는 혐의로 계엄 당국에 구속돼 처형됨. 대한민국 정부 수립 후 한국 언론사상 첫 번째로 희생된 언론인. 이 사건을 계기로 서북청년단이 1948년 12월『제주신보』를 강제 접수
08. 1930년 초등교육 후 일본으로 건너감. 평양의 기성의학강습소에서 학업. 해방 후 1945년 도립병원 내과 및 소아과 과장에 취임. 3·1 사건 후 도립병원을 사직하고 제주읍 일도리에 민생의원 개원. 1949년 5월 해군사관학교 중위로 임관하여 부산사령부에서 근무하다 1950년 12월 예편
09. 1940년 도립병원 취직. 1944년 의사 검정시험에 합격. 1947년 1월부터 도립병원에서 근무 시작. 1948년 5월 서울대 의대 내과 및 이비인후과 연구원으로 들어가 1년간 체계적인 공부 마침. 1948년 9월 새로 발족하는 제주시 보건소 초대소장에 취임

이었고 얼마나 무저항이었는지 알 것이다."(「군중은 무저항 / 도립 병원 내과과장 김시존金時存 씨 담」)

"그때 나는 병원에서 근무하였으므로 사건 발단의 시종을 여실히 목격하였다. 당일 병원 앞을 경비하던 경관은 2명인데 한 명은 발포의 필요를 느끼지 않았던지 전연 발포하지 않았고 나머지 이문규 순경 혼자서 그러한 만행을 가하였는데 지나가는 사람이면 남녀노소를 가리지 않고 총대로 치고 구둣발로 차고 드디어는 발포까지 하였던 것이다. 나중에는 병원의 간호원은 물론 나까지도 위협을 받았는데 이리 오면 쏜다는 바람에 놀라서 달아나는 행인의 뒷잔등에 총알을 퍼부은 이 순경의 행동을 나는 이해 못하겠다."(「너무도 난폭 / 도립병원 안과과장 김완근金完根 씨 담」)

"이번 사건에 중상을 입어 입원한 환자 수는 남녀 8명에 달하는데 그중 2명은 당일 사망하였고 나머지 6명은 기적적으로 경과가 좋아 생명만은 구하겠다. 치료비 문제로 경찰 측에 교섭을 해보았으나 응하지 않으므로 경비 염출에 매우 곤란을 받는다. 나는 당일 총소리에 놀라서 집을 떠나 병원으로 향하였으나 병원 앞에 선 경관이 총을 겨누고 위협하므로 종시 들어가지 못하다가 나중에야 겨우 들어갔다. 대체 병원 앞에서 지나

도립병원

가는 행인을 이유 없이 구타 발포하는 것만도 잘못인데 하물며 피투성이가 된 부상자를 개호介護하고 오는 죄 없는 사람에게 총알을 퍼부으며 드디어는 병원 직원에게까지 총부리를 대고 위협을 감행한 이문규(29) 순경의 행동에 대해서 나는 심심한 유감의 뜻을 표하는 바이다."(「나도 위협을 받았다 / 도립병원장 문종혁文鍾爀 씨 담」)

경찰은 사건이 발생한 3월 1일 초저녁부터 통행금지령을 내렸다. 통금시간은 저녁 7시부터 다음 날 오전 6시까지였다. 2일부터 3·1 행사 위원회 간부와 중등학생들을 검속했다. 3월 2일 하루 동안 학생 25명이 경찰에 연행되었고, 곧이어 무조건 구타와 고문을 한다는 소문이 나돌았다. 여기에다 경찰 책임자의 발포 정당성에 대한 담화가 나오자 민심이 들끓었다.

3월 1일 제주 읍내로 모이지 못한 도민들은 각 지역에서 기념대회를 개최했다. 대정면에서는 대정국민학교에 4천-5천여 명의 주민이 모였다. 약제사 이경선은 대정면 3·1절 기념 행사에서 다음과 같이 연설한다.[10]

---

10. 김관후 「일조의 서광이 비치었으니, 소리를 마주치고 용맹스럽게, 아 찬송합시다」『제주의소리』2014.2.21

"우리 삼천만 민족이 갈망하는 우리나라의 독립을 맞이하여 이러한 자리를 가지게 된 것에 기쁨을 금치 못합니다. (중략) (경찰군인들을 보며) 경찰 여러분도 우리 조선 사람입니다. 군인들도 우리 조선 사람입니다. 다 같은 조선 사람인데 왜 서로를 잡아가고 그럽니까? 우리나라의 자주독립을 위해서는 군인이나 경찰이 정치에 관여를 하지 마십시오."

이경선은 1946년 12월에 조선부녀총동맹 중앙집행위원회 산하 선전부에 참여했다.[11] 1947년 아버지 이도일[12]이 대정중학교 초대 교장으로 부임하면서 이경선도 고향으로 돌아와 이 학교에서 교사로 물리와 화학을 담당한다. 제주에서는 약제사로 활동하지 않았다. 경찰에 체포되었다가 풀려난 후 일본으로 피신했다.

3월 9일 3·1 사건대책위원회를 조직하는데 의사인 박영훈(전 도 보건후생국장)이 참여한다. 위원장은 한국독립당 제주도당 위원장을 지낸 홍순용이 맡았다.[13]

---

11. 고진숙「제주 출신 여성 항일운동가 이경선 선생, 건국훈장 애족장 서훈」『헤드라인제주』 2021.7.28
12. 1897-1971, 가파도 출신. 경기도 시흥에서 수산물 도매상으로 크게 성공, 귀향한 뒤 양조장을 짓고 농산물 가공 등으로 대정지역 경제자립에 기여. 교육사업에도 관심을 가져 대정중학교가 설립되자 교장 역임. 4·3 발발 후 딸 이경선과 일본으로 밀항했다가 10여 년 만에 귀국
13. 박찬식「1947년 제주3·1 사건 연구-집회와 총파업 주도세력을 중심으로」『한국사연구』132호 2006

도민들은 사과와 책임자 처벌을 요구했으나 받아들여지지 않는다. 이에 1947년 3월 10일부터 우리나라에서 최초의 민관 총파업이 시작된다. 도청 등 관공서뿐만 아니라, 통신기관, 운송업체, 공장 근로자, 각급 학교, 심지어 경찰, 미군정청 통역단까지 참여하는 대규모 파업이었다.

166개 기관, 단체 4만 명 이상이 참여한 이 파업은 경찰의 3·1 발포와 그 대응에 항의하는 성격을 지녔다.『제주신보』주관으로 3월 10일부터 4월 15일까지 3·1 희생자 유가족 조위금 모금 운동이 전개된다.

의료계에서는 김한조 500원, 전명식[14] 300원, 도립병원(원장 문종혁) 직원 일동 2,000원, 정화의원(원장 최정숙) 직원 일동 1,000원 등이 합해져 총액 26만 7천 원을 돌파했다.[15]

3·1 사건과 3·10 대파업의 여파로 3월 31일에 제주경찰감찰청장에 김영배가 임명되고 4월 2일에는 군정장관이 스타우트 소령에서 베로스Russell D. Barrows[16] 중령으로 교체된다. 베

---

14. 한지의사로 1945년 12월 15일 남원면에 개원. 1948년 5월 구좌면 김녕리로 이전. 1952년 2월 군 입대하여 육군군의학교에서 복무. 1953년 7월 제주시 삼양리에서 개원했다가 1958년 6월 안덕면 공의로 옮김
15. 제주도의사회『제주도의사회 60년사 1945-2005』2006
16. 신문기자이다가 군에 투신, 태평양전쟁 때 필리핀 전투에서 활약. 종전 후 한국에서 제2대 국방경비대 사령관 취임, 한국군 창군 작업에 관여

로스 중령은 8개월 정도 재임하다가 경질되고 12월 3일 맨스필드Mansfild, Johns. S[17] 중령이 3대 군정장관으로 취임한다.

초대 도지사 박경훈도 3·1 사건에 대한 책임을 지고 자진 사퇴하였다. 후임으로 유해진이 4월 10일 발령된다.

도지사 유해진과 서북청년단의 횡포

유해진은 전라북도 완주군 출신으로 일본 주오中央대학 법과를 졸업하고 해방 후 안재홍과 함께 한국독립당에서 활동하다가 안재홍이 미 군정청 민정장관일 때 제주도지사로 임명된다. 극우 성향 인물로 1947년 4월 10일부터 1948년 5월 27일까지 재직한다. 재직 중 극우 성향 도정과 공격적 행동으로 도민들과 계속 충돌하고 서북청년단(서청)까지 제주에 끌어들여 민심을 악화시킨다.

유해진은 부임하면서 서청 단원 7명을 데리고 온다. 유해진의 비호 아래 4·3 이전까지 서청 500-700여 명이 제주도로 들어온다. 총파업을 주도하거나 가담했던 관리들을 사상 불온 이유로 파직시키고 공백을 다른 지역, 특히 이북 출신들로 채

---
17. 1946년 4월 제2대 국방경비대 총참모장으로 재임

유해진

워나갔다.

제주 출신 관료들은 행정기관 주요 요직에서 배제된다. 파업에 동참했던 제주 출신 경찰 66명은 전원 파면되고 육지 출신 경찰들이 제주지역에 배속되는데 경찰 인원 자체도 크게 증가한다. 2년 전 100여 명이던 경찰이 500여 명으로 증가한다.

경찰의 검속 역시 계속 이어졌다. 4월 3일 시작한 3·1 사건 공판은 50여 일에 걸쳐 심리를 진행했다. 내용은 체형 52명, 집행유예 52명, 벌금형 56명, 기타 기소유예, 불기소 등 도합 328명에 달하였다.[18] 교사가 81명으로 절대 다수를 차지한다.

3·1 사건의 배후 조종 관련 혐의로 오창흔이 구금되는데 당시 3·1기념투쟁제주도위원회 부위원장이라는 것이 이유였다. 재판 회부자 중 의료 관련하여 침구업 강성렬(29세 표선면, 징역 10월) 의사 조수 현승균(29세 남원면, 징역 6월 집행유예)이 보인다.[19]

---

18. 『제주신보』 1947.5.26
19. 박찬식 「1947년 제주3·1 사건 연구-집회와 총파업 주도세력을 중심으로」 『한국사연구』 132호 2006

이 무렵 연행자의 취조 과정에서 심한 고문이 자행된다는 소문이 나돌았다. 민전 임원 일부가 검거를 피해 일본이나 육지로 피신하거나 민전을 탈퇴한다.[20]

3·1 사건 이후 지역주민과 경찰이 충돌하는 사건이 자주 발생한다. 1947년 3월 우도 사건[21]과 중문리 사건[22]을 시작으로 6월 종달리 사건[23]과 8월 북촌리 사건[24] 등으로 이어진다.

혼란이 가중되는 와중인 1947년 6월 1일, 오창흔, 박영훈, 문종후 등이 발기하고 의사, 의생, 치과의사까지 포함된 20여 명의 회원이 모여 제주도의사회가 발족된다.[25]

위원장은 오창흔, 부위원장은 박영훈, 문종혁이 맡았다. 고문에는 전 도지사 박경훈, 도 보건후생국장 송한영, 제주농업학교장 최남식이 추대된다. 박경훈은 박영훈의 형이고 최남식은 의사 최정숙의 오빠다.

---

20. 제주4·3사건진상규명및희생자명예회복위원회『제주4·3사건 진상조사 보고서』2003
21. 3월 14일, 우도에서 1천여 명이 소학교에 집결하여 3·1절 발포자와 책임자를 처벌하라는 성명서를 발표하고 우도 한 바퀴를 돌며 시위 행진
22. 중문리 지역주민 1천여 명이 중문리 사무소로 몰려가 3·1 사건으로 구속된 사람들을 즉시 석방하라고 요구한 사건
23. 6월 6일 민청의 불법 집회를 단속하던 경찰관이 집회 참석 청년들로부터 집단구타를 당해 중상을 입은 사건. 이 종달리 사건 관련 수배자가 71명. 42명이 재판에 회부됨
24. 8월 13일 오전 11시경 북제주군 북촌리에서 경찰과 주민 간 충돌로 양측에 각각 3명의 중상자와 다수의 경상자를 낸 사건. 많은 유인물이 뿌려지면서 경찰이 출동하여 주민에게 발포함으로 충돌이 발생함
25. 제주도치과의사회는 1954년, 제주한의사회는 1962년 독립하여 결성

5월에 제2차 미소공동위원회가 재개되면서 민전도 재정비하는데 도지사를 역임한 박경훈을 의장으로 추대하고 항일운동가 김시범(1890-1945)[26]을 부의장으로 선출한다. 박경훈의 민전 의장 취임은 도민들에게도 뜻밖의 일이었다. 제주도 최대 갑부의 맏아들이자 경성제대 출신이며 미 군정 치하 초대 지사를 역임한 그가 군정 대립관계였던 민전의 의장이 되리라곤 누구도 예상하지 못했다.

민전은 사무국장 고창무, 차장 김창순, 선전부장 김행백, 조직부장 문경원을 임명하고 민주 역량을 집결하여 활발한 정치활동을 전개한다.[27]

민전이 활동을 시작하자 대규모 검거가 시작되었다. 8월 14일 박경훈을 포함하여 30여 명의 민전 간부가 구금되고 도 직원, 세무서 직원, 도립병원 의사와 간호사, 우편국 교환수 등도 검거되었다. 도립병원 의사와 간호사가 누구였는지는 확인되지 않는다.

도지사까지 역임했던 박경훈은 이후 수없이 빨갱이로 몰리면서 여러 차례 죽을 고비를 겪다가 부산으로 피신한다.

---

26. 항일운동에도 참여했던 김시범은 해방 후 조천 건준위원장과 초대 조천면장을 지냄. 1948년 서우봉에서 희생됨
27. 『제주신보』 1947.7.18

9월 들면서 우파 계열의 청년단체도 확대된다. 1946년 초 발족된 독청(대한독립촉성청년연맹 제주도지부)과 광청(광복청년회 제주도지회)이 1947년 대청(대동청년단)으로 합쳐진다. 결성식은 9월 30일 제주극장에서 열린다. 서청이 주로 이북 출신으로 구성된 반면 대청은 제주 출신 청년들이 많이 참여했다.

의사로는 김대홍[28], 김문순(1918-1972)[29] 등이 대청에 참여했다. 김대홍은 구좌면에서 대청 활동을 주도했다. 김문순은 4·3을 전후해서 대청 부단장을 역임한다. 1947년 10월 13-19일 한 주간 도내 전역에서 단원 모집 운동을 벌이던 대청이 동쪽 마을 5곳에서 적어도 5명을 공격했다. 대청에 대한 도민들 불만도 쌓여갔다.

1947년 부녀동맹 결성 후에 우파 성향의 애국부녀연맹도 결성된다. 함경북도 출신으로 독립운동에도 참여하다가 제주 출신 남편을 만난 후 제주로 이주한 간호사 탁명숙은 애국부녀연맹에 참여했다. 애국부녀연맹 남제주군지부 결성식은 1947년 8월 2일 오후 1시부터 군청 회의실에서 각 면리(面里)

---

28. 제주에서 보통학교 졸업 후 일본으로 건너감. 경제 사정으로 의과대학 진학을 포기하고 의학학습소에서 공부함. 고향으로 돌아와 김태민 운영 장춘의원에서 임상시험 등 견습 생활로 수련. 1932년 의생 시험 합격 후 세화리로 돌아와 개원. 1944년 한지의사 시험에 합격
29. 제주읍에서 개원 중인 김태민 밑에서 실습하며 공부하여 1942년 의사 검정시험에 합격. 그 해 한림면에 개원했다가 1945년 서귀포로 이전

대의원과 방청인 다수가 참석한 상태에서 탁명숙의 사회로 개막되었다. 위원장 강지전, 부위원장 현애옥, 홍애영이 선출되었다.

서청 단원은 별도 보수가 지급되지 않아 도민들을 갈취하거나 뇌물을 받아 생계를 해결했다. 권력을 등에 업고 점점 포악해져 갔다. 보급 문제에 불만을 품고 제주도청 총무국장을 연행해 고문하다가 죽이기도 하고 『제주신보』사를 강제 접수하기도 했다. 부녀자를 겁탈하는 일도 빈번했다. '서청! 하면 울던 아기도 울음을 그친다'는 유행어가 나돌았다고 회고할 정도로 날이 갈수록 위세가 등등했다.

경찰의 영향력이 강력해지면서 10월경 경찰후원회가 조직되는데 이사에 의사인 오창흔, 김대홍, 부기선[30]이 참여했다. 경찰이 힘을 과시하기 위해 도 유력 인사들을 후원회에 끌어들여 구성한 것으로 보인다. 오창흔은 인민위원회, 민전에 참여했고 김대홍은 대동청년단에 참여한다.

---

30. 조천면 출생. 표선면 표선리에서 공의 진료소로 개원하였다가 1946년 6월 제주시 이도리로 옮겨 십자의원 개원

유해진에 대한 특별감찰

제주도민의 불만은 나날이 쌓여갔다. 유해진의 횡포 그리고 그가 데려오고 옹호한 서청의 잔인하고 무도한 폭력이 이후 무장봉기의 한 원인으로 작용한다.

제주사회의 긴장감이 높아지자 미 군정은 도민의 원성을 사는 유해진 지사에 대한 특별감찰을 실시한다. 특별감찰은 미 군정청 특별감찰실 특별감찰관 로렌스 넬슨Lawrence A. Nelson 육군 중령의 지휘 아래 1947년 11월 12일부터 1948년 2월 28일까지 이뤄진다. 도지사의 집무 상황을 비롯해 제주도 군정을 담당하는 제59군정 중대와 제주도 군정청의 행정 상황을 감찰하고 결과를 보고서로 작성해 제출한다.

특별감찰이 실시된 이유는 유해진이 제주도 미 군정장관과 갈등을 빚기도 하고 정치적 반대파 탄압에만 몰두하여 중앙부처의 지시를 무시하는 등 군정 업무 수행에 심각한 문제를 갖는다고 보았기 때문이다. 특별감찰관 넬슨은 다음과 같은 건의 사항을 딘 군정장관에게 제출한다.

"유해진은 식량배급표를 정치적 무기로 사용하였고, 지사의 독단으로 인사 문제를 좌지우지하고 독재적인 방법으로 정치 이념을 통제함으로 좌익세력의 숫자와 동조자를 증가시켰다.…나아가 잘못된 도정 운영과 좌익인사들에 대한 기소의 불법성 등의 이유로 유해진 지사는 교체되어야 한다."

특별감찰을 맡았던 넬슨은 보고서에서 유해진 지사 교체를 건의한다. 그러나 미 군정장관 딘 소장은 유해진의 해임을 승인하지 않는다. 유해진은 4·3 발발 후인 5월 27일이 되어서야 교체된다.

넬슨이 제출한 「특별감찰보고서」에는 제주도 보건행정에 관한 내용도 포함되었다. 유해진은 부임 후 도청 주요 간부진에 제주 출신을 배제하는데 보건후생국장도 제주 출신이 아니면서 의사인 송한영을 임명한다. 도립병원 의료진과 도청의 보건후생국 간 갈등이 계속되어 제주 출신 의사들이 전부 병원을 떠나 결국 한 명도 남지 않는다. 「특별감찰보고서」에는 도립병원에 관한 내용이 담긴다.[31]

"감찰관이 실시한 도립의원에 대한 감찰은 도 보건후생국 고문관 알렌Allen H. Lee 중위와 보건후생국장 송宋 박사가 같이 실시하였다. 제주도의 유능한 한국인 의사 2명이 지사 지시로 해임됐다. 지사는 1명을 좌천시켰는데 결국 사표를 냈으며, 다른

---

31. 박인순 「미 군정기 제주도 보건의료 행정 실태」『제주도연구』제19집 2001.6

의사 1명은 이 의사와 동조해 사직했다. 감찰 당일 병원에는 의사가 배치되지 않았다. 직원 42명과 환자 12명만 있었다.

　환자 가족들은 환자들과 함께 생활하면서 환자를 돌보았다. 병원은 불결했다. 병실이 매우 불결했고 바닥과 가구는 쓰레기로 덮였다. 수술실도 불결했고 수술대 가까이 피 묻은 천들이 놓였다. 장비는 제대로 관리되지 않았으며 어떤 감독이나 지시도 없었다. 송 박사는 '위쪽 북쪽'에서 의사 3명이 이 병원에서 일하기 위해 제주도로 오는 중이라고 밝혔다."

유해진은 보건후생 분야 행정도 정치 목적 달성에 이용하였다. 우선 도매상을 통한 의료품 배분이 정치적이고 편파적으로 이루어져 지역 의료진이 도 보건후생국을 신뢰하지 않게 되었다.

　또한 유해진은 의원이나 조산원을 정치적 목적으로 폐업시켰다. 의사였던 장시영은 어떤 이유인지 의사 자격증 불인정으로 의원을 폐업하게 된다. 장시영의 자격증은 한미 조사관들이 도착하고 난 뒤에야 인정받는다. 또 일본에서 조산원을 운영하기도 했던 한려택도 제주도부녀회[32] 회장을 역임한 경

---

32. 제주도부녀회가 부녀동맹으로 전환하기 때문에 이 둘을 동일시하는 시각 존재함. 한려택은 부녀동맹에는 참여하지 않은 것으로 보임

력으로 폐업된다.[33]

장시영은 1948년 3월에 발생한 조천면 김용철 고문치사 사건에서 도 보건후생국장 송한영과 대립하게 된다. 이렇게 도와 계속 대립하면서 갈등을 겪었던 장시영은 나중에 부산으로 피신한다.

「특별감찰보고서」에는 군정청 보건후생부 부고문관인 군의관 사무엘 프라이스Samuel j. Price 중령의 「제주도 방문 보고서」도 첨부되었다. 이 보고서에 언급된 당시 상황은 다음과 같다.[34]

"(1) 도매상을 통한 의료품 배분이 의사들이 만족할 만큼 공정하게 이루어지지 않으며, 미 고문관과 협의하지도 않는다. 지방 의료 전문인이 전염병 보고 과정에 협조했는지, 아니면 전염병 보고 때 지방 관리들이 조사나 분석에 협조했는지가 매우 의문이다.

(2) 도지사는 지난 2개월 안에 미 고문관과 재정 문제에 대해 상의하겠다는 약속을 했음에도 불구하고, 알렌Allen H. Lee 중위

---

33. 한려택은 비슷한 이유로 1948년 후반 농업학교수용소에 감금되어 고초를 겪음. 김창후 「<넬슨 특별감찰보고서 : 제주도의 정치상황>에 나타난 제주도지사 유해진」『제주도연구』제17집 2000
34. 박인순「미군정기 제주도 보건의료 행정 실태」『제주도연구』제19집 2001.6

는 이 기간 단 하나의 설명도 받지 못했다.

(3) 도지사와의 면담 때 그는 송 의사(도 보건후생국장)가 성격 문제와 타도 출신이라는 사실 때문에 만족스럽지 않음을 안다고 말한다. 그는 송 의사가 돈을 남용하며 여러 자격증을 이전했다고 비난했다. 그는 제주도립의원 의사 문종혁이 부상 입은 정부 관리들의 진료를 거부했고, 병원 운영이 부실해 해임했다고 말하였다.

그는 제주 공중보건이 매우 낙후되었기 때문에 보건후생국의 업무가 가장 중요한 업무 중 하나라고 말했다. 도지사는 보건후생국에 대한 특별계획으로 제1단계 : 공산분자들의 제거, 제2단계 : 탁아소 설치, 마을 공중목욕탕 설립, 공장 진료소 등을 시설하기 위한 '공장후생기구'의 조직을 피력하였다."

문종혁 원장을 해임한 이유는 세 가지였다. 도립의원 의사가 '조난대'에 비협조적이었다는 것과 병원 수입금을 운영비로 전용했다는 것 그리고 병원의 물품을 도난당했다는 이유들이었다.

1948년 1월 한국산악회 5명이 적설기 한라산 등정에 나섰다가 대장 전탁이 조난당해 사망하는 사건이 발생했다. 당국으로부터 도립병원에 구조 협조 요청이 들어와 응급수술이 필요한 환자를 차치하고 외과 과장 이하 외과 직원 모두 출동 준비로 비상 대기하였으나 아무 연락이 오지 않았다. 한참 지나 나타나 동행을 요청했으나 응급환자가 급박하여 외과 과장은 수술 중이라고 알리니 조난자를 운반해 오겠다고 해서 떠난 것이 사건의 전말이었다.

수입금 운영비 전용 건은 병원 운영에 전도금이 필요함에도 1947년 4월부터 7월 중순 사이의 예산이 전혀 배정되지 않아 보건후생국장 승인 아래 병원 수입금을 전용한 사안이다. 물품 도난은 경찰 수사 중인 사안이었다. 해임 이유는 억지에 가까운 것이었다.

도립병원장 문종혁 해임 사건은 제주사회에 커다란 파문을 일으켰다. 군정청 「특별감찰보고서」에는 다음과 같이 기록되었다.

> "1948년 1월 27일 의사 문종혁은 도립의원장에서 내과 과장으로 좌천됐다. 김담계는 서무과장에서 재무과 직원으로 좌천됐다. 의사 송한영(도 보건후생국장)이 도지사의 요구로 원장 직을 맡고 나인호(도 재무과 근무)가 서무과장 직을 담당한다. 이 인사 개편은 결국 좌천된 2명의 사임과 병원에서 일해 온 외과 과장 문종후의 사임을 불러왔다." [35]

---

35. 박인순 「미군정기 제주도 보건의료 행정 실태」 『제주도연구』 제19집 2001.6

"중립적인 의사들은 의사 문종혁의 병원 운영으로 입원 환자와 외래 환자가 많이 증가했다고 말한다. 문종혁은 의사들과 일반인들로부터 많은 존경을 받았고 의사 문종후도 존경을 받았다."[36]

　병원장 문종혁과 외과 과장 문종후는 2월 2일 각각 유해진에게 사표를 제출하고 사직했다. 문종혁은 1946년 10월 임용되어 1년 5개월 만에 원장 직에서 물러난 것이다.
　이 사건은 『제주신보』에도 크게 보도되어 정치적이고 편파적으로 인사 조치했다는 여론이 따랐다. 문종혁의 사임으로 도립병원에 제주 출신 의사는 한 명도 남지 않게 되었다. 도 보건후생국장이 도립병원장을 겸하는데 병원에 거의 출근하지 않고 다른 지역 출신 박朴 의사 한 명이 진료를 담당하였다. 문종혁 원장의 사임 이후 35명에 달하던 입원 환자가 13명으로 급감했다고 한다.[37]

　1948년 2월 문종혁은 도립병원을 사직하고 3월에 문의원을 개원하여 내과와 소아과를 진료하였다. 문종혁의 사직 후

---

36. 김창후 「넬슨 특별감찰보고서 : 제주도의 정치상황에 나타난 제주도지사 유해진」 『제주도연구』 제17집 2000
37. 박인순 「미군정기 제주도 보건의료 행정 실태」 『제주도연구』 제19집 2001.6

도립병원 원장 직은 공석이 되어 보건후생국장 송한영이 겸임한다.

문종후도 사직 후 부기선과 함께 3월 십자의원을 개설한다. 최초의 연합의원으로 문종후가 원장을 맡고 부기선이 부원장으로 산부인과 물료과(물리치료과) 등을 맡는다. 문종후는 개원하자마자 3월 모슬포에서 발생한 양은하 고문치사 사건 검시를 맡아 고환 파열에 의한 사망으로 결론 내린다.

도립병원장 공백이 길어지자 문종후는 송한영 보건후생국장 사임 후 다시 도립병원으로 돌아와 1948년 7월 원장으로 취임한다. 1949년 12월 병원장 직을 사직하는데 후임은 대청 활동에 적극적이었던 김대홍이 맡는다.

1947년 11월 14일 유엔 총회는 한국 국민의 대표를 선거로 뽑되 1948년 3월 31일 이전에 남북한에서 동시에 인구비례에 따라 보통선거 원칙과 비밀투표에 의한 선거를 실시한다는 미국의 안을 의결한다. 공정한 선거를 감시할 목적으로 유엔한국임시위원단UNTCOK을 설치하고, 선거 후 가급적 빨리 국회를 구성하여 통일 정부를 수립한다는 것이 요지였다.

1948년 1월 초부터 서울에서 활동을 시작한 유엔한국임시위원단은 소련의 거부로 북한을 방문 못하게 되었다. 이에 유엔은 '가능한 지역에서의 총선거 안'을 상정했다. 이는 남한만의 단독선거를 의미했다.

남한 단독선거 안이 명백해지자 많은 정당과 단체가 잇따라 반대 성명을 발표하며 격렬하게 반발했다. 한반도가 영구히 남과 북으로 분단될 것을 염려해서였다. 이 반대 대열에는 좌파 진영만이 아니라 우파 일부와 중도파까지 가세했다.

남한 단독선거 찬반 문제를 놓고 우파 진영은 크게 두 갈래 노선[38]으로 나뉜다. 이런 흐름 속에 남로당은 단독선거를 저지하기 위한 투쟁으로 1948년 2월 7일을 기해 전국 총파업을 단행한다. '2.7 구국투쟁'이다.

2월 7일 제주도는 경찰의 비상경계 속에 의외로 조용했다. 그러나 2월 8일부터 상황이 달라지고 2월 9-11일 밤 제주지역에서 시위가 이어지면서 3일 동안 경찰은 약 290명을 체포했다.

1947년 3·1 사건 이후 1948년 4·3 발발 직전까지 1년 동안 제주에서는 2,500명이 검속된다. 이로 인해 유치장은 차고 넘쳤다. 나중엔 미군 감찰반이 다음과 같이 지적한다.

---

38. 하나는 '단독정부 반대 남북협상 추진'을 내걸고 통일운동을 주창한 김구 김규식 등의 노선, 다른 하나는 '미 군정과 보조를 맞춰 단독정부 수립을 추진'하던 이승만과 한민당 계열 노선

"제주도의 유치장 현황은 한국의 어떤 행형 시설과 비교해 보아도 죄수들이 넘쳐나는 최악의 경우를 나타낸다. 10×12피트(3.04×3.65m)의 한 감방에 35명이 갇혔다. 비교적 작은 감옥 안에 전체 365명의 죄수가 수감되었다."

1948년 3월 고문치사 사건

제주도에서 해방 이후 1947년 3·1 사건 이전까지는 경찰의 고문 문제가 제기되지 않았다. 그러나 3·1 사건 이후 경찰의 고문이 사회문제로 등장하기 시작했다. 응원경찰의 취조는 매질부터 시작했다고 증언하는 사람들이 많다.

특히 특별수사과의 강압적인 수사기술은 공포 대상이 되곤 했다. 응원경찰이 철수하면서 교체 경찰력으로 제주에 들어온 철도경찰과 이북 출신 경찰들은 제주 사람들을 사상적으로 불온하다는 시각으로 보았다. 반면 현지 주민들은 이들 외지 출신 경찰관들을 '육지 것들'이란 반감과 경원의 눈초리로 볼 때가 많았다. 이런 심적 갈등은 갈수록 증폭되면서 다양한 고문 형태로 표출되었다.[39]

---

39. 제주4·3사건진상규명및희생자명예회복위원회『제주4·3사건진상조사보고서』2003

1948년 3월 경찰에 연행됐던 청년 3명이 경찰의 고문으로 잇따라 숨지는 사건이 발생한다. 이어서 제주사회의 민심은 크게 동요한다.

조천지서에 연행됐던 조천중학원 2학년 학생 김용철(당시 21세)이 유치 이틀 만인 3월 6일 별안간 숨진 것이다. 주민들은 김용철의 죽음을 고문에 의한 사망으로 여기고 사인규명을 요구하며 시위를 벌였다. 경찰 측에서는 지병에 의한 사망으로 둘러댔으나 시신 전체에 시커멓게 멍이 들었기에 설득력이 약했다.

이 조사는 검시 의사 선정에서부터 잡음이 일었다. 사건을 축소하려는 경찰 측은 당시 도청 보건후생국장 송한영 의사를 검시 의사로 적극 추천했다. 공교롭게도 송한영이나 제1구 경찰서장, 수사과장 그리고 사건을 유발한 조천지서 주임이 모두 이북 출신이었다. 그러나 사인을 규명하려는 검찰 당국은 검시 의사로 제주 출신 의사 장시영을 추천했다. 당시 담당 검찰관은 채용병이었다.

부검은 이례적으로 두 차례 실시됐다. 1차 부검은 경찰 측의 훼방으로 건성으로 끝났다. 이 사건의 검시 의사로 참여했던 장시영의 증언에 의하면, 조천지서의 고문치사 피해자 김용철 학생을 두 번 부검했다는 것이다.

은밀하게 진행된 1차 부검 때는 경찰관들이 부검 장소를 일찍부터 장악하였다. 의사면허증을 가진 송한영 국장이 "피의자는 원래 늑막과 폐가 나쁘고 맹장 수술까지 받았다"는 등 자세한 병력을 설명한 뒤 배 쪽 부검을 유도했다. 이런 사실을 눈치 챈 유족 측에서 정확한 사인을 요구하면서 문제를 제기한다.[40]

논란이 되자 미군 고문관은 재부검을 지시했다. 그 다음 실시된 2차 부검 결과 외부 충격에 의한 뇌출혈이 결정적 사인으로 밝혀진다. 의사 장시영은 경찰의 계속되는 회유를 뿌리치고 '타박으로 인한 뇌출혈이 치명적인 사인으로 인정된다'는 감정서를 제출했다.

이 한 장의 감정서는 조천지서 경찰관 5명 전원의 구속 사태를 몰고 온다. 고문 현장 목격자의 증언에 의하면 경찰관들이 김용철을 거꾸로 매달아 곤봉으로 쳤다는 것이다.[41]

당시 검시 의사 장시영은 다음과 같이 회고한다.[42]

"조천 고문치사 사건의 검시 의사로 참여하였다. 지금도 기억

---

40. 양조훈 「세계사에서 매우 드문 민관 총파업」 『제이누리』 2015.6.8
41. 제주4·3사건진상규명및희생자명예회복위원회 『제주4·3사건진상조사보고서』 2003
42. 제주도의사회 『제주도의사회 60년사 1945-2005』 2006

에 생생한 것은 한 사망자를 놓고 두 차례나 부검했기 때문이다. 그것은 매우 이례적인 일이었다. 두 차례 부검한 경위는 이렇다. 그때는 4·3사건이 일어나기 전이지만 제주경찰 핵심부서도 이북 출신들이 주도권을 잡은 상태였다. 제주경찰서장이나 수사과장 그리고 하필이면 사건이 발생한 조천지서 지서장도 이북 출신이었다. 그런데 나는 이 사건 이전에 수사과장과 다툰 적이 있어 서먹한 사이였다.

조천지서 유치장에서 피의자가 급사한 사건이 발생하자 검찰 쪽에서는 검시 의사로 나를 지칭했는데 경찰 쪽에서는 당시 도 보건후생국장인 송한영을 밀었다. 송 국장도 이북 출신이었다. 그러나 검찰에서는 객관적인 조사를 위한다는 명분 아래 나를 검시의로 위촉하였다. 경찰 쓰리쿼터를 타고 조천지서로 갔는데 송 국장도 따라와 입회했다.

나는 사인을 규명하기 위해 사체 검안을 했는데 머리 쪽에 멍든 상처가 있음을 발견, 그쪽을 해부하려 하자 송 국장이 말렸다. 그러면서 사망자는 원래 늑막과 폐가 나쁘고 맹장 수술도 했었다는 등 병력을 자세히 설명하면서 은연중에 압력을 가해 왔다.

주변에는 경찰관들도 입회, 험악한 분위기였다. 결국 위세에 눌려 머리 쪽 해부를 하지 못한 채 늑막과 맹장을 살피는 것으로 해부를 끝냈다. 물론 늑막에 물이 고인 등 상태가 나빴던 것은 사실이나 그것이 결정적인 사인은 아니었다.

그날 저녁 귀가, 감정서를 어떻게 작성할 것인지 고민하는데 유족으로부터 항의 전화가 걸려오기 시작했다. 사인을 올바르게 규명하기 위해 감정서를 정확히 쓰라는 요구였다. 그런데 다음날 미군 경찰고문관이 그런 정보를 입수했는지 사인을 자세히 묻고는 '왜 해부를 제대로 하지 않았느냐'고 따져 물었다. 그리곤 재해부를 지시하는 것이었다.

이틀 후 다시 조천지서를 찾았을 때는 조천 장날이었다. 첫 해부 때는 우리의 검시 사실을 몰랐던지 마을이 조용했었는데 이번에는 그게 아니었다. 남녀노소 한 데 섞여 많은 주민이 조천 신작로에 도열, 우리를 기다렸다. 특히 부인네들이 '사인규명을 똑바로 하라'면서 윽박지르는데 그 위세가 보통이 아니었다.

두 번째 해부는 제대로 했다. 머리 쪽을 해부해 보니까 아니나 다를까 피가 엉켜있었다. 결정적 사인은 머리에 입힌 상처에 의한 것으로 판단되었다. 그날 집으로 돌아와 감정서를 준비하는데 이번에는 지역유지가 찾아와 회유를 했다. 경찰서장이 특별히 부탁한다는 이야기도 전해왔다. 경찰 기세가 나날이 드높아지던 때였다. 밤새 고민했다. 그러나 위험을 무릅쓰고라도 의사로서의 본분을 지켜야 한다는 결심이 섰다.

다음 날 아침 검찰청 채용병 차장 검사를 찾아가 소신껏 소견서를 쓰겠다는 설명을 한 뒤 신변 안전 보장을 요청하였다. 채

제주도 최초의 산부인과 의원인 장의원(원장 장시영)과 광제약국 모습. 광제약국
왼편 골목으로 들어가 두 집 건너 오른쪽 일식 건물이 장의원

검사는 흔쾌히 응해 주었다. 내가 기록한 감정서에는 '타박으로 인한 뇌출혈이 치명적인 사인으로 인정된다'고 쓴 것 같다. 소견서를 제출하고는 바로 부산으로 떠났다. 나의 약혼식에 참석하기 위해서였다."

조천에서 이장里葬으로 김용철 학생 장례식이 진행되던 날, 고인이 일개 중학생 신분임에도 제주도 전역에서 보내온, 애석한 죽음을 애도하는 만장 수십 개가 나부꼈다.[43]

조천지서 사건의 여파가 채 가라앉기도 전 모슬포지서에서 또다시 고문치사 사건이 발생했다. 3월 14일 아침 모슬포지서에서 유치 중이던 대정면 영락리 청년 양은하(당시 27세)가 돌연 급사한다. 이 급보에 의하여 제주검찰청 박 청장과 제주경찰감찰청 수사과장 그리고 십자의원 의사 문종후가 현장에 출장하여 검시한 결과 고문에 의해 '고환 파열 급사'로 판명되었다.

다음은 당시 양은하와 같이 수감되었던 김시병의 증언이다.

"지서에서 취조할 때에는 매질부터 시작했습니다. 주로 몽둥이로 때리거나 각목을 다리 사이에 끼워 무릎을 꿇게 하고 위

---

43. 양조훈 「세계사에서 매우 드문 민관 총파업」 『제이누리』 2015.6.8

에서 밟기도 했습니다. 또 물고문을 했고 유도하는 것처럼 내던지기도 했지요.

특히 수감자들이 더욱 울분을 느꼈던 것은 경찰관들이 심심하면 한 사람씩 밖으로 불러내 장난삼아 고문을 했던 일입니다. 양은하 씨는 고문을 받던 중 급소를 맞아 숨지게 되었습니다."

3월 말에는 한림면 금릉리 박행구라는 청년이 경찰과 서청에 잡혀 집단구타 당한 뒤 즉결 총살을 당했다. 사건 전날 마을에서는 선박 진수식이 진행되었는데, 술에 취한 박행구가 우익 청년들과 사상논쟁을 벌이다 '민족을 팔아먹는 민족 반역자'라고 소리 높인 것이 화근이었다. 그의 사망일은 1948년 3월 29일로 추정된다.[44]

앞의 두 고문치사 사건은 1948년 4월 17일 서울 덕수궁에서 열린 유엔한국임시위원단 제4차 회의에서도 거론되었다. 그리고 이 사건들은 가해자들에 의해 은폐될 위험성도 가졌다.

실제 김용철 사건의 경우 집요한 반대 공작이 이루어지기도 했다. 검시에 참여한 의사들은 이를 물리치고 고문에 의한 사

---

44. 제주4·3사건진상규명밀희생자명예회복위원회『제주4·3사건진상조사보고서』2003

망으로 정확하게 밝힌다. 1987년 박종철 고문치사 사건을 떠올리게 한다.

경찰의 눈 밖에 난 검시 의사 장시영은 위협을 느껴 부산으로 피신하지만 그곳도 안전하지는 않았다. 장시영은 부산 생활 중에도 제주에서 경찰이 자신을 잡으러 사람을 보냈다는 전갈을 받고 몇 차례 몸을 피하기도 했다.

장시영 증언에 따르면, 당시 사건을 맡았던 채용병 검사는 서울로 자리를 옮긴 후였는데도 경찰에 의해 제주로 압송되어 왔다고 한다. 결국 장시영은 1950년 여름 해병대에 자진 입대했다. 군대가 가장 안전하다고 판단했을 것이다.

그 무렵 제주에 남아 의사로 활동하던 형 장시현은 예비검속에 구금된 후 정뜨르비행장에서 총살 후 암매장된다.

의사 안영훈은 장시영과 함께 김용철 부검에 참여했다. 안영훈은 21세인 1941년 제주로 와 조천리에서 김시탁이 운영하는 의원에서 근무하며 병원 일을 배웠다. 야간에 공부를 하며 25세에 의사 검정고시에 합격하여 1945년 조천면에서 한지의사로 의원을 개원한다.

경찰들의 요구와 다르게 부검 감정서가 나가면서 시련이 시작됐다. 안영훈의 먼 친척이 제주지역 대표적인 항일운동가이자 '3·1 기념 집회' 당시 연설까지 맡았던 남로당 제주도당위원장 안세훈이었는데 경찰은 이들을 같이 엮으려고 했다. 안

영훈의 조카 안영모는 다음과 같이 증언한다.[45]

> "사촌도 아니고, 육촌도 아닌데 그래도 이름 있는 안세훈 선생이 친척이니까. 경찰들이 그걸로 엮어서 우리 삼촌이 '남로당에 포섭된 사람이다' 이런 식으로 모함해서 얼마나 고통을 당하셨던지요. 아주 이루 말할 수 없이 목숨만 겨우 부지했다고 합니다."

실제 안영훈은 경찰에 구금되고 나중에 기소된다. 광주지방법원에서 재판이 진행되어 1949년 6월 2일, 징역 1년에 집행유예 3년을 선고받고 풀려나게 돼 한국전쟁 후 형무소 학살은 피한다.[46]

3·1 사건 이후 폭력과 억압이 섬 주민들을 억눌렀다. 세 명의 청년, 김용철 양은하 박행구의 죽음으로 도민의 분노는 폭발 직전에 이른다.

결국 남로당제주도위원회는 1948년 2-3월 여러 차례 회합을 거치면서 무장봉기를 최종 결정한다. 주로 구좌면과 조천면에서 회의가 진행되었다. 도당 책임자와 각 면당 책임자 등

---

45. 조수진「조천 청년들, 주먹을 쥐다」『제주투데이』 2022.6.7
46. 안영훈의 묘는 전라남도 담양군 금성면에 위치

이 모였고 도립병원 약제과장 김두봉의 집이 주요 회합 장소였다.

　김두봉은 남로당제주도위원회 총무부장을 맡았다. 김두봉은 도립병원을 사직하고 입산하여 무장대에 합류한다.

3·1절 발포로 민간인 6명이 숨지고 6명이 중상을 입는다. 희생자 가운데는 국민학생과 젖먹이를 품에 안은 20대 여인도 포함되었다. 도립병원의 검안 결과 희생자 중 1명을 뺀 나머지는 모두 등 뒤로 총탄을 맞았음이 판명됐다.

4장

1948년 4월 3일의 봉기

솟아오르는 첫 봉화

 1948년 4월 3일, 새벽 2시 즈음에 도내 오름마다 봉화가 솟아오르면서 무장봉기 막이 올랐다. 이를 신호로 곧 350여 명의 무장대가 제주도 내 전 경찰지서 24곳 중 12곳과 우익 인사의 집, 우익 청년단체 등을 일제히 공격했다.
 구좌면 세화리에 이미 개원한 의사 김대홍도 이날 무장대의 습격을 받았다. 그는 구좌면 대청 책임자로 활동하는 중이었다. 김대홍이 지녔던 권총을 발사하자 무장대가 퇴각했다고 한다. 이후 김대홍은 제주읍으로 거처를 옮긴다.
 도 보건계장을 맡았다가 문종후가 사직하면서 도립병원장도 겸임하게 된다. 입산자 대상으로 진행된 선무활동에도 적극 참여한다. 그러나 1950년 도립병원장 재직 중 '제주도 유지사건'으로 구금되어 고문당하고 고초를 겪는다.

4·3 무장봉기는 남한만의 첫 국회의원 선거를 한 달여 앞둔 때 발발한다. 무장대는 5·10 총선거를 무산시키기 위해 주민들을 산간 지역으로 올려 보내거나 선거를 방해했다. 결국 제주도의 3개 선거구 중 북제주군 갑구와 을구 등 2곳의 선거가 무산된다. 전국 200개 선거구 중 제주도의 2개 선거구만이 무효화한 것이다.

4·28 평화협상

국방경비대 9연대장 김익렬(1919-1988)[01]은 제주도 미 군정장관 맨스필드를 설득해 이른바 '선(先) 선무 후(後) 토벌'이라는 단계적 해법을 제안했고 이 제안은 받아들여진다.[02] 김익렬은 직접 협상에 나서 4월 28일 평화협상을 성사시켰다.

김익렬은 평화협상에 관한 내용을 유고로 남긴다. 이에 따르면 제주도 민정장관인 맨스필드는 김익렬에게 폭도와 직접

---
01. 경남 하동 출신, 1947년 9연대 부연대장으로 부임했다가 1948년 3월 연대장으로 승진
02. 무장봉기가 발발하자 딘 군정장관은 제주도 민정장관 맨스필드에게 <제주도 작전>이라는 제목의 전문(1948년 4월 18일)을 보내 국방경비대를 작전 통제 아래 두고 진압 작전을 펼치도록 함

평화협정의 주역인 김달삼과 김익렬 @제주 4·3평화기념관

담판하라고 명령하면서 민간인을 매개로 이용하라고 알려주었다. 그러면서 각자의 성분까지 분석하여 정리된 세 명의 명단을 제시하는데『제주신보』사장 김씨와 박경훈 형제였다.

박경훈 형제는 박경훈과 동생 박영훈이다. 박경훈은 도지사를 지냈고 박영훈은 의사로 도 후생복지국장을 지내면서 1946년 콜레라 방역에 힘썼던 인물이다.

김익렬은 박경훈 형제 등 일부 인사들과 비밀 회합을 갖고 귀순 유도를 위한 선무문과 전단문을 작성하고 접촉 방법 등에 대해 논의한다.

결국 9연대와 무장대 사이 평화협정이 성립되어 정국이 안정되는 듯했다. 그러나 느닷없이 '오라리 방화사건'이 터지면서 평화협상이 깨지고 강경 진압으로 흐름이 바뀐다.

5월 1일 오라리 마을 장례식장에 참석한 경찰과 서북청년단, 대동청년단 등 30여 명이 좌익 활동으로 지목된 마을 주민들의 집을 찾아다니면서 방화한다. 미군은 불타는 마을을 촬영하여 「제주도의 메이데이」라는 영상으로 제작하고 무장대의 소행으로 몰아갔다.

오라리 방화사건 며칠 뒤인 5월 5일 최고수뇌회의가 열린다. 딘 군정장관을 비롯한 미군 수뇌부와 안재홍 민정장관, 조병옥 경무부장,[03] 송호성 경비대 사령관 등도 서울에서 제주로 내려와 참석했다. 이날 조병옥과 김익렬 사이에 심한 충돌이 벌어졌다.

조병옥 경무부장은 "4·3은 공산주의자들이 일으킨 폭동인 만큼 철저하게 토벌해야 한다"고 주장하고, 김익렬 연대장은 "실제 무장한 인원은 200-300명에 불과하며 폭도가 증가하는 이유는 경찰 때문"이라며 대립했다.

---

03. 조병옥은 3·1 발포사건에 대항하여 제주도의 많은 관청과 민중들이 총파업을 벌이자 1947년 3월 14일 급거 제주도를 방문. 당일 제주도청을 방문해 "제주도 사람들은 사상적으로 불온하다, 당신들이 조선의 건국에 저해가 된다면 싹 쓸어버릴 수도 있다"고 연설함

| 미군이 촬영한 오라리 방화사건 현장

제주경찰감찰청 정문. 자동 소총으로 무장하고 경계 중인 경찰(1948년 5월)

이날 회의는 주먹이 오가는 난장판으로 끝나고 다음 날 김익렬은 전격 해임된다.

김익렬은 후에 〈회고록〉에서 4·3에 대한 소회를 밝힌다.

"나는 제주 4·3사건을 미 군정의 감독 부족과 실정으로 인해 도민과 경찰이 충돌한 사건이며, 관의 극도의 압정에 견디다 못한 민이 최후에 들고 일어난 민중 폭동이라고 본다. 당시 제주도 경찰청장이나 제주 군정장관, 경무부장 조병옥 씨나 미군정장관 딘 장군 중 한 사람이라도 사건을 옳게 파악하고 초기에 현명하게 처리하였더라면 극소수의 인명 피해로 단시일 내에 해결 가능했을 사건이라고 확신한다."

박진경의 암살

5월 10일 총선거에서 도내 2개 선거구의 투표가 참여자 과반 미달로 실패하자 미 군정은 5월 중순께 브라운Rothwell Brown 대령을 제주도 군경 통솔 최고 지휘관으로 파견한다. 미군 대령이 진압 책임자로 나선 것은 미군의 직접 개입을 의미했다.

당시 신문들은 "하늘에는 미군 정찰기, 연안에는 미 군함,

5·10 선거 이틀 뒤 미 극동사령부는 제주도에 미 구축함 크레이그호를 급파. 당시 제주항 밖에 정박 중인 구축함

육상에서는 미군 지프가 질주한다"고 보도했다. 브라운은 "원인에는 흥미 없다. 나의 사명은 진압뿐"이라며 토벌작전을 강화한다.[04]

김익렬의 후임으로 일본군 소위 출신 박진경(1920-1948)이 연대장으로 내려온다. 그는 부임하면서 "우리나라 독립을 방해하는 제주도 폭동 사건을 진압하기 위해서는 제주도민 30만 명을 희생시키더라도 무방하다"는 발언으로 물의를 일으키게 된다.

9연대는 11연대로 재편되면서 작전의 전면에 나섰다. 6주간에 걸쳐 4천여 명의 도민을 체포할 정도로 무자비하게 작전을 펼쳤다. 신문들은 제주를 '울음의 바다'라고 묘사했다. 박진경은 공로를 인정받아 대령으로 진급하지만 6월 18일 진급 축하연을 마치고 돌아온 숙소에서 부하에게 암살당한다.[05]

박진경의 강경 작전이 사태 진정에 도움을 주기는커녕 오히려 여론만 악화시키자 미 군정은 인사 정책을 통해 유화책을 폈다. 이미 5월 28일 극우 반공 일변도의 강경정책을 펴온 유해진 제주지사를 경질하고 제주 출신으로 도 산업국장을 역임

---

04. 허호준 「미 군정, 직접 '제주도 작전' 내려…사령관 "내 사명은 진압뿐"」 『한겨레』 2023.4.3
05. 암살을 주도한 문상길 중위와 손선호 하사는 결국 1948년 9월 23일 경기도 수색의 한 산기슭에서 총살형. 대한민국 정부 수립 후 첫 사형 집행

1948년 6월 11연대 장교들과 미군 고문관들

한 임관호를 새 지사로 임명했다. 6월 17일에는 역시 제주 출신인 김봉호 제8관구 경찰청 부청장을 제주경찰감찰청장에 임명한다.

송요찬과 경비사령부 설치

박진경이 암살당하자 미 사령부는 6월 21일 새로운 11연대장에 최경록(1920-2002) 중령을, 부연대장에 송요찬(1918-1980) 소령을 임명한다. 두 사람은 일제 때 전투 경험을 쌓은 일본군

송요찬

준위 출신으로 미군정 때는 나란히 군사영어학교 입교 경력도 갖는다.

국방경비대 총사령부는 7월 15일 자로 9연대를 부활시키면서 기존 11연대 부연대장인 송요찬을 연대장으로 임명한다. 5월 15일 11연대에 합편되었던 9연대가 꼭 두 달 만에 병력이 바뀐 채 재편성된 것이다. 그리고 제주 주둔군 책임자를 최경록에서 송요찬으로 바꾼다. 송요찬의 등장은 제주에 피바람을 부른다. 송요찬은 자신이 얼마나 악독한 성품의 소유자인지를 스스로 잘 드러낸다.

당시 9연대 군수참모를 지낸 김정무는 자신이 겪었던 송요찬에 대해 다음과 같이 증언한다.

"난 9연대 군수참모로 제주에 갔습니다. 당시 인사참모는 최세인, 정보참모는 탁성록(1916-?), 작전참모는 한영주였습니다. 제주에 간 지 얼마 지나지 않았을 때인데, 하루는 직속 부하인

구매관 강의원(육사 4기)이 안 보이는 겁니다. 알아보니 송요찬 연대장의 지시에 의해 처형됐다는 겁니다.

 난 9월 1일부로 대위 진급을 했는데 9월의 어느 날 연대장이 부르더니 다짜고짜 '너 재판장 해라, 이놈을 죽여야 돼!'라고 합니다. 누군지도 모르고 범죄 사실도 모르는 사람에게 덮어놓고 사형 언도를 하라는 겁니다.
 사관학교에서 군법회의에 대해 몇 시간 배우긴 했지만 재판을 해 보지 않았는데 어떻게 해야 할지 몰랐지요. 재판정에 나가보니 얼마나 고문을 당했는지 사람이 반쯤 죽은 상태였어요. 피고인은 제주도지사였던 박경훈이었습니다.
 도지사 관사에서 쌀 한 말을 공비에게 줬다는 게 범죄 사실이었지요. 쌀 한 말에 사람의 생명이 왔다 갔다 하는 순간이었습니다. 그런데 어릴 적 시골에서 쌀 창고 열쇠는 늘 할머니가 갖고 다니던 게 기억나 '피고가 직접 쌀을 주었느냐?'고 물었습니다.
 이에 당시 57-58세가량 된 박경훈 지사는 '아닙니다, 저도 구속돼 조사받는 과정에서 알게 됐습니다, 우리 집사람 친척이 와서 굶어 죽게 됐으니 도와 달라고 해서 줬다는 이야기를 들었습니다'라고 대답하더군요. 아무리 도지사 관사에서 쌀이 나왔다 하지만 부인의 행위를 책임지게 하기는 무리이니 무죄라고 판단했습니다.

그래서 법무관 등 몇 사람과 평의에 들어갔지요. 어떤 사람은 '사형집행을 하라는데 한 20년 어떻습니까?'라고 했습니다. 15년을 말하는 이도, 10년을 말하는 이도 나왔고. 고심 끝에 심판관들에게 '이건 무죄지만 부인을 데려다 사형을 내리기는 곤란하므로 한 3년이 어떻겠소?'라고 제안해 동의 얻어 3년을 언도했습니다.

무죄인 사람에게 3년 형을 언도한 것이 아직도 양심에 가책이 됩니다. 어쨌든 재판 결과를 연대장에게 보고했더니 '이 공산당 같은 놈의 새끼!'라며 철모로 나를 갈기는 겁니다. 하도 맞아서 머리가 크게 부었습니다. 같이 재판에 참여했던 최세인 인사참모도 많이 맞았습니다.

그리고 헌병대장 송효순은 동기생인데 매일 술을 먹고 괴로워했습니다. 물어봐도 말은 안 하고. 그런데 들리는 이야기로는 헌병들이 동굴에 사람들 몇 십 명씩을 데려다 놓고 갈긴다는 겁니다. 그래서 고민한 것 같습니다. 그는 굉장히 착한 사람이거든요. 결국 손을 써서 중간에 제주를 떠났습니다. 또 한영주 작전참모는 밤낮으로 연대장에게 맞았습니다."

연대장 송요찬은 본격적인 토벌에 앞서 숙군이라는 미명 아래 제대로 된 절차도 거치지 않고 단순히 의심된다는 이유로

9연대 병사 100여 명을 즉결 처분한다.

8월 15일 이승만 정부가 출범하면서 진압 작전은 초강경으로 흘러가고 10월 11일 무장대와 지원 세력을 본격 진압하기 위해 제주에 경비사령부를 설치한다. 사령관에 광주 주둔 제5여단장 김상겸 대령을, 부사령관에는 9연대장 송요찬을 임명한다.

사령관에게는 제주의 9연대와 부산에서 오는 5연대 1개 대대, 대구에서 오는 6연대 1개 대대, 여수에서 오는 14연대 1개 대대, 해군 소령 최용남이 이끄는 해군함정, 홍순봉[06] 제주경찰감찰청장이 이끄는 제주 경찰대를 통합, 지휘하는 권한이 부여됐다.

그러나 10월 19일 여수 주둔 14연대가 제주 파병을 거부하고 봉기를 일으

초토화 작전에 적극 가담한 홍순봉

---

06. 온건책을 펴던 김봉호 경찰감찰청장이 사퇴하고 10월 5일 후임으로 평안남도 출신 홍순봉이 부임. 이와 동시에 서북청년단이 대거 제주도로 들어오기 시작. 해방 전 경찰 겸 만주국 관료로 활동하다가 해방 후 경찰로 근무한 홍순봉은 초토화 작전에 앞장서고 작전 후 이듬해 7월 이임. 홍순봉과 송요찬은 일제 때부터 관계가 매우 깊어 송요찬은 일본군 준위로, 홍순봉은 일제 경찰로 만주에서 함께 근무. 해방이 되자 두 사람은 경찰전문학교에서 같이 근무

키면서 김상겸 여단장은 8일 만에 파면되고 송요찬이 제주경비사령부를 총지휘하게 된다. 그 후 제주도에 계엄령이 실시되자 계엄사령관까지 겸임한다.

여수 순천 사건

여수에 주둔 중이던 국방경비대 14연대는 제주 사건을 진압하기 위해 1개 대대 규모의 군인들을 파견하기로 한다. 그러나 1948년 10월 19일 일부 군인들이 제주 출동을 거부하면서 무장봉기를 일으킨다. 이들은 여수, 순천, 벌교, 보성, 고흥, 광양, 구례까지 점령한다. 진압군이 진격하면서 무장 세력은 백운산, 지리산으로 들어가고 10월 27일에는 여수까지 완전히 진압된다.

여순사건 주동자 중 한 명이 김지회(1925-1949)다. 김지회의 처 조경순(1930-?)은 제주 출신 간호사였다. 광주의대 부속병원에 근무 중 입원했던 육군 중위 김지회와 만나 사랑하는 사이가 된다. 김지회가 여순사건을 주도하고 지리산으로 들어가면서 조경순도 같이 입산한다.

조경순은 제주 출신으로 일제강점기 오사카에서 고등여학교 3학년 재학 중 해방이 되자 학교를 중퇴하고 귀국한다. 귀국 후 광주의대 부속병원 간호부양성소를 마치고 1948년 8월 경까지 광주의대 부속병원에서 간호사로 근무했다. 근무 중 만난 두 사람이 혼례를 치르기 직전 여순사건이 발생한 것으로 보인다.

조경순은 붉은 스웨터를 입고 지리산과 덕유산을 누벼 '붉은 스웨터의 여두목'이라는 별명으로 불리면서 신문 지상에도 많이 오르내린다.[07] 1949년 4월 토벌 과정에서 김지회는 사살되고 조경순은 생포된다.

조경순은 나중에 선무활동에 동원되다가 10월 29일 고등군법회의 재판에서 빨치산 활동 혐의로 총살형이 구형되고 무기징역을 선고받는다. 이후 행방은 불확실하다. 서대문형무소 수감 중 한국전쟁이 발발하면서 출옥했다는 얘기도 들린다.

여수, 순천 지역에서도 제주와 같은 학살이 자행된다. 전국의 형무소에는 제주와 여수, 순천 출신 재소자가 넘쳐나기 시작한다. 남해가 보이는 여수 만성리에는 '형제묘'라 불리는 커다란 봉분이 하나 있다.

---

07. 당대 신문들에서 조경순은 '전형적인 신新여성'으로 제시됨. 신문들은 그녀를 여성 기독교 신자로서 근대 직업교육 기관인 의과대 '간호부양성소'를 이수하고 이후 의대 부속병원에 근무, 아버지의 반대에도 본인 사랑을 추구하는 '신여성적 존재, 도시적 여성'으로 재현. '서구적 근대성'과 '비非민족성' 이미지 생산자로 표현(임종명 「지리산 지구 빨치산 전쟁 시기, 신문 지면의 빨치산 여성성 표상」『역사학연구』No. 61, 2016)

고등군법회의 재판정에서 퇴정하는 조경순(가운데)

1949년 1월, 반군을 도왔다는 혐의로 민간인 125명이 한꺼번에 처형된 뒤 불태워진 곳이다. 시신의 신원을 확인 못해 '죽어서라도 형제처럼 지내라'는 뜻으로 이름 붙였다고 한다. 제주 섯알오름 학살터의 '백조일손지지百祖一孫之地'와 비슷한 의미다.

포고문과 계엄령 선포

10월 17일 연대장 송요찬은 '해안선으로부터 5㎞ 이외의 지점 및 산악 지대의 무허가 통행 금지, 이를 위반할 시 이유 여하를 불문하고 폭도배로 인정해 총살에 처함'이라는 포고문을 발표한다.

제주도의 지형상 진압 대상 지역으로 설정한 '해안선으로부터 5㎞ 이외의 지점'이란 표현에는 한라산 등 산악지역만이 아니라 해변을 제외한 중산간 마을 전부가 해당된다. 따라서 현재 주민이 사는 마을에서 통행 금지란 결국 거주를 금지한다는 말과도 같은 것이었다. 이런 포고가 정부의 '최고 지령'에 따라 내려졌다.

중산간 마을 소개령으로 수많은 희생자가 발생했다. 토벌대가 마을을 습격하여 집들을 불태우고 주민들을 무차별 학살했다. 주민들은 산으로 피신하거나 해안마을로 거주를 옮겨야 했다. 산으로 피신한 경우는 '입산자'라는 꼬리표가 따라 붙었고 일부는 한국전쟁 후 예비검속으로 희생되기도 하였다.

　11월 9일 제주도 총무국장 김두현(당시 53세)이 고문치사 당한 사건도 서청의 위세를 보여준 상징적 사건이다. 특히 서청 제주단장 김재능은 자기 사무실에서 심한 매질을 한 끝에 김두현 총무국장이 실신하자 숨이 끊어지지 않은 상태인데도 밖으로 내다버려 끝내 절명케 하는 만행을 저질렀다. 제주도 행정 2인자가 보급 문제에 불만을 품은 서청들에게 희생된 것이다.

　홍순봉 경찰감찰청장은 범인들을 9연대원으로 보내며 사건을 무마했다. 살인범들이 처벌을 받기는커녕 오히려 군인이 된 것이다. 김재능은 무소불위의 권력을 휘둘렀다. 북제주군수 김영진은 김재능에게 맞아 팔이 부러질 정도였다. 서청은 마을을 돌아다니며 약탈을 일삼고 금품 갈취, 고문, 살인, 성폭행, 강간 등을 일삼았다.

　김재능은 제주 유일의 언론기관인 『제주신보』 기사가 맘에 안 든다고 『제주신보』 김석호 사장을 구타하고 급기야 『제주신보』를 강제 접수한다.

　본인이 사장 자리에 앉고는 서청 출신 김묵을 편집국장에 임명한다. 김묵은 성산포에서 맘에 든다고 여자를 강제로 빼

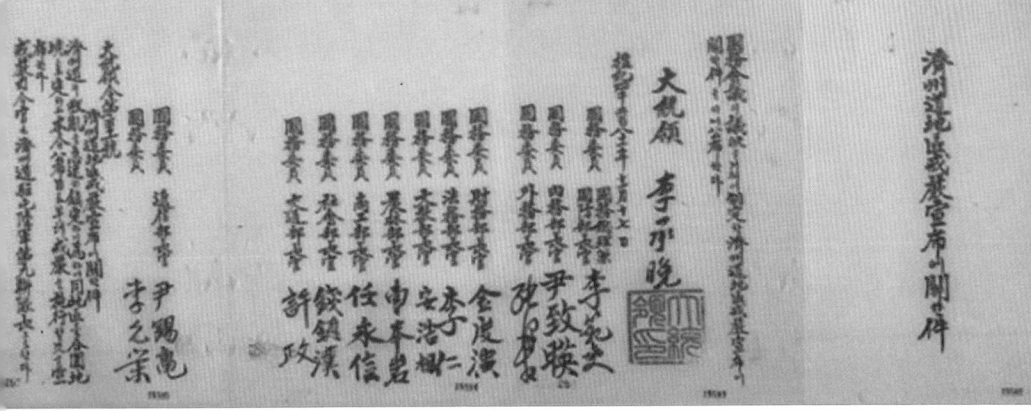

〈제주도지구 계엄 선포에 관한 건〉

앗아 살기도 한다. 김재능은 제주를 떠난 후 숨어 지내다 경찰에 검거된다.[08] 김묵은 1960년대 반공영화, 전쟁영화를 찍는 영화 감독으로 변신한다.

  1948년 11월 17일 이승만 대통령은 제주도에 계엄령을 선포했다. 4·3의 전개 과정에서 계엄령은 주민 희생과 관련해 가장 중요한 계기가 된다. 계엄령은 1948년 11월 17일 선포되고 12월 31일 해제될 때까지 한 달 보름 동안 유지되었다. 당시 「계엄법」이 존재하지도 않았던 국내에서 계엄령은 그 자체로 불법이었다.

---

08. 김재능은 1954년 다른 지역에서 사기 공갈, 상해, 사문서위조 등의 혐의로 체포됨. 30만 제주도민 거의 전부가 김 씨에게 원한을 품는 것이 부인 못할 사실이라는 보도도 나왔음

계엄령 이전의 희생이 비교적 젊은 남자로 한정되었던 반면, 계엄령이 선포된 1948년 11월 중순경부터 벌어진 초토화 작전 때는 서너 살 아이부터 80대 노인에 이르기까지 남녀노소 가려지지 않고 희생되었다. 이후 계엄령은 재판 절차도 거른 채 수많은 사람이 즉결 처형되는 근거로 인식된다.

제주농업학교 천막수용소

1948년 10월 말경부터 살벌해지기 시작한 읍내 분위기는 11월 중순경에 이르자 절정에 달한다. 9연대 정보과와 헌병대, 경찰 특별수사대와 사찰과, 미군 CIC(Counter Intelligence Corps, 방첩대), 서청 등 6대 토벌 당국은 경쟁적으로 도민들을 구금, 폭행, 처형했다. 토벌 당국은 읍내 유지 대부분을 9연대 본부가 사용하던 농업학교에 감금했다.

9연대가 주둔하는 제주농업학교에 천막수용소를 설치하고 제주의 법조, 행정, 교육, 언론, 의료계를 대표하는 인사들을 구금하기 시작했다. 농업학교 운동장에 천막을 여러 개 설치하고 연행자들을 수용했다. 여기서 "아무개 석방!"이라고 호명되어 불려 가면, 이는 곧 처형을 의미했다.

제주농업학교 천막수용소

박경훈(전 도지사, 『제주신보』 사장), 최원순(제주지법 법원장), 김방순(제주지검 검사)[09], 현경호(제주중 초대 교장, 민전 공동의장), 현인하(경향신문 기자 겸 제주지사장), 이상희(『서울신문』 제주지사장, 갑자옥 사장), 강제량(주정공장장), 윤창석(조천면장) 등이 천막수용소에 구금된 대표적 인물이다. '박성내 밀방아간 총살사건'[10]도 이때 발생한다.

의사 중에는 오창흔 전 도립병원장이 포함되었다. 오창흔은 해방 후 도립병원장을 맡아 콜레라 방역에 힘쓰고 1947년 민전 부회장까지 맡았으며 제주도의사회를 결성하여 초대 회장을 맡은 인물이다.

구금 당시는 후생의원을 개원해 운영 중이었다. 오창흔은 9연대 정보참모 탁성록과 악연을 갖는다. 탁성록은 9연대 참모 중에서 가장 악독하여 도민들의 원성이 자자했다.

천막수용소 구금, 고문, 학살은 9연대가 맡아 하는데 송요찬의 지시 또는 묵인 아래 탁성록이 주도한 것으로 보인다. 탁성록은 강경 진압을 주도하던 박진경 9연대장이 암살당하자 6

---

09. 미 군정이 임명한 제주 검사(당시 검찰관 대리라 불림)는 이재만, 김방순, 양을 3명. 이재만, 김방순은 총살되고 양을은 서울에서 토벌대 파견 경찰에 의해 제주로 압송. 양을은 고문받고 재판에 회부되나 무죄 받음
10. 현경호, 이상희, 김원중(제주북교장 역임), 현두황(제주중 교사, 현경호의 아들), 배두봉(항일운동가) 등 6명을 제주 읍내 박성내 부근 밀방아간에서 총살한 후 시신에 기름을 부어 태워버린 사건

월 18일 9연대 정보참모로 급파되었으며 12월까지 제주에 머무는 동안 온갖 악행을 저지른다.

탁성록은 마약중독자였다. 당시 도립 제주의원 경리 주임이었던 하두용은 탁성록이 제주에 오기 전부터 아편에 중독된 상태였다고 증언한다.

"탁성록은 제주에 도착하자마자 병원으로 달려와 소위 아편 주사를 요구했습니다. 그러나 마약은 함부로 취급하지 못해 약제과장을 불러와 결재를 받고 주사를 놔 주었습니다.

그는 팔에 주사바늘이 들어가지 않을 정도로 지독한 아편쟁이였어요. 안정숙 간호원이 팔뚝에 주사하려 해도 주사바늘이 들어가지 않자 겨드랑이 밑에 꽂으라고 하더군요. 그는 재임기간 내내 주사를 맞으러 병원을 찾았습니다."

탁성록은 자신에게 아편 주사를 놓아달라는 명령을 거부했던 의사 오창흔을 공산당으로 조작해 농업학교 천막수용소에 구금했다. 당시 9연대 군수참모 김정무는 다음 같이 증언한다.

탁성록

"포로수용소는 농업학교 뒷마당에 천막 스무 개가량을 쳐서 만들었습니다. 하루는 연대장이 시찰한다기에 난 참모로 따라 나섰지요. 그런데 산 사람이라면 얼굴이 탔을 텐데 수감자 중 얼굴이 하얀 사람이 눈에 띄는 게 아닙니까. 이상하다 싶어 물어보았지요. 오창흔이라는 의사인데 그가 하는 말인즉 '탁성록 연대 정보참모가 아편 주사를 놓아달라기에 거절했더니 잡아넣었다'는 겁니다.

나도 이북에서 공산당이 싫어 월남해 군대에 들어온 사람이지만 이런 놈은 가만두면 안 된다고 생각했습니다. 권총을 들고 탁성록을 찾아가 '야, 니 왜 공산당 아닌 사람을 공산당으로 만드느냐, 이따위로 하면 죽여 버리겠다'고 하니까 그때서야 석방시켰습니다. 오창흔 씨는 석방된 후에도 신변에 위협을 느껴 나만 따라다니며 군의관이 되도록 알선해 달라고 부탁했습니다. 그래서 함께 서울 육군본부에 가서 의무관에게 부탁했는데 그게 잘 안 됐어요.

그 후 오창흔 씨는 겁이 나 제주도로 가지 못하고 부산으로 가서 '오소아과'를 차려 운영했습니다. 탁성록은 마흔이 다 된 사람인데 정보참모의 자격도 없는 사람입니다. 군사영어학교 출신도 아니고 군악대에서 나팔 불던 놈인데 특채됐는지 나보다도 먼저 대위를 달았어요. 이런저런 구실을 달아 여자들 성폭행을 많이 했어요."

군경의 위협을 피할 만한 가장 유력한 방법이 군 입대였다. 오창흔은 천막수용소 석방 후 군 입대를 시도했으나 여의치 않았던 것으로 보인다. 그래서 대신 부산으로 피신하여 정착했다. 부산에는 장시영이 이미 도착한 상태였다. 장시영과 오창흔은 도립병원에서 같이 근무했었다.

장시영은 1947년 3월 조천면 학생 고문치사 사건에서 검시의사로 나서 경찰과 대립 후 신변의 위협을 느껴 부산으로 피신한 상황이었다. 장시영은 후에 해병대에 입대했다. 장시영의 증언에 따르면 제주를 떠난 탁성록이 부산 오창흔의 의원에까지 찾아와 마약을 요구했었다고 한다.

오창흔, 장시영과 같이 도립병원에 근무했던 김시존은 1947년 도립병원을 사직한 후 개원해 활동하다가 초토화 작전 직후 1949년 5월 1일 해군사관학교 중위로 임관하여 부산 사령부에서 근무한다. 동료 의사들이 희생당하거나 수난 겪는 걸 보고 자신도 상당한 위협을 느꼈을 것으로 보인다.

제주에서 탁성록의 악행은 서청 일당들이 저지른 어떤 악행보다 더했으면 더했지 덜하지 않았다. 농업학교 천막수용소에 수용됐던 사람들의 증언에 따르면 탁성록의 말 한마디에 사람들이 무더기로 죽어 나갔다고 한다. 밤중에 그에게 호명되어 나간 사람은 두 번 다시 돌아오지 못했다.

탁성록이 수용소 천막 안으로 들어오는 경우 사람들은 황급히 무릎을 꿇고 엎드린 채 두 손바닥을 모아 싹싹 빌었다. 그가 누군가를 지목해 발길질을 하면 그것은 그의 목숨이 오늘로 끝이라는 사실을 말하는 것이었다. 탁성록의 부하들은 즉시 해당 인물을 끌고 나가 총살했다.

칠흑 같은 어둠 속에서 총소리가 들리면 그걸로 끝이었다. 아침 점호를 위해 천막 앞에 줄지어 서면 수용소 부근 무덤 앞엔 피에 젖은 새로운 시신이 또 나뒹굴었다고 한다.[11]

당시 9연대 군인이었던 윤태준은 다음 같이 증언한다.

"연대 정보참모가 탁성록인데 그 사람 말 한마디에 다 죽었습니다. 그때 헌병에게 잡혀가면 살고, 탁 대위에게 잡혀가면 민간인이고 군인이고 다 죽었습니다. 또 서북청년 이놈들이 고얀 놈들입니다. 처녀를 겁탈하고, 닭도 잡아먹고, 빨갱이로 몰기도 하고, 이놈들이 사건을 악화시켰습니다. 진압하라고 했으면 진압만 하지…그래서 도망갈 길 없는 주민들이 더 산으로 오른 겁니다."

원래 음악인이었던 탁성록은 1941년 〈제주도 아가씨〉(부평초

---

11. 이동순「그 작곡가는 어떻게 살인마가 됐나-탁성록 이야기」『논객』 2020.4.3

작사, 탁성록 작곡, 남일연 노래)라는 노래를 작곡하였다.

"동백꽃 피는 달빛에 잠든 섬/물결에 자라난 제주도 아가씨들/뒷모양 긴 댕기 초록치마에 콧노래 부르면/고깃배 돛 우에 물새가 우네

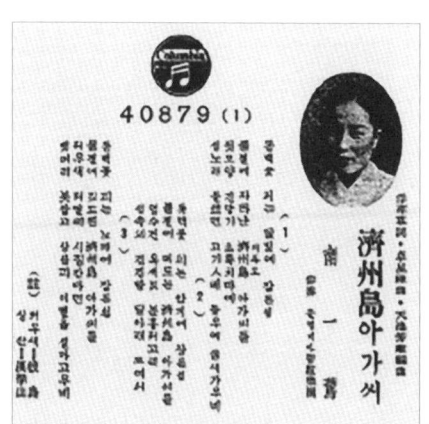

동백꽃 피는 안개에 잠든 섬/물결에 떠도는 제주도 아가씨들/업수건 옥색 깃 분홍저고리 섬 속의 긴긴 밤/달 아래 모여서 그물을 짜네

동백꽃 피는 노래에 잠든 섬/물결에 깃들인 제주도 아가씨들/저우새 저 멀리 시집간다면/뱃머리 붙잡고 상산과 이별을 섧다고 우네"

인민위원회와 민전에 참여했고 수배 받고 도피하다 체포된 경력이 있는 좌창림은 1948년 송한영 사직 후 문종후가 도립병원장에 취임하면서 합류한 것으로 보인다. 그러나 1948년 12월 병원에서 근무 중 군인들에게 끌려가 농업학교 천막수

용소에 구금되었고 며칠 뒤 학교 부근에서 총살당한다.[12]

11월 농업학교 천막수용소에는 읍내 여성들도 줄줄이 끌려 들어왔다. 읍내에서도 내로라하는 여성들로 대개 20대 후반에서 40대 초반 나이였다. 여성단체 관련자들이 많았다.

강어영(도 부녀동맹 부위원장) 강염숙 고숙자 고지영(의사 박영훈의 아내) 고혜영(조선소 사장 고창기의 아내) 김보배(민전 조사부장 정상조의 아내) 양청열(도 부녀동맹 부위원장, 민족청년단 창설 멤버인 문봉택의 아내) 이순실(도청 임옥진 과장의 아내) 이순손 홍종춘 등이다.

당시 수감되었던 여성 중 의료계와 관련된 인물로는 의사 최정숙, 산파 한려택, 박영훈 의사의 아내 고지영이 파악된다.

산파 한려택은 후배 최정숙 김서옥 고혜영 등과 함께 1946년 제주도 최초 여성 단체인 제주도부녀회를 조직하여 초대 회장 직을 맡았다. 1947년 초, 더 젊은 여성들이 주도하는 좌파 성향의 제주도부녀동맹[13]으로 개편되면서 한려택은 회장에서도 물러난다. 한려택은 농업학교 천막수용소에서 석방된 후 1949년 일본으로 밀항했다가 1975년 다시 제주로 돌아온다.[14]

---

12. 서북청년단에 끌려가서 제주 앞바다에 수장 당했다는 이야기도 들리나 여러 차례 돌아 전해진 증언이므로 신빙성이 낮음
13. 1947년 1월 25일 결성. 위원장 김이환, 부위원장 고인선, 강어영 그리고 고덕순 등 80여 명이 집행위원에 선출
14. 제주도, 제주도여성특별위원회 『시대를 앞서 간 제주 여성』 제주여성사 자료총서VI, 2005

최정숙은 학생 시절 3·1 만세운동에 적극 참여하였다가 옥고를 치른 후 의사가 되어 제주에서 의원을 개원한 상황이었다. 해방 후 제주도부녀회(회장 한려택) 결성에도 관여하여 제주읍부녀회 회장을 맡았다.

1947년 1월 25일 제주도부녀동맹이 결성되자 제주읍부녀회는 2월 21일 곧바로 제주읍부녀동맹으로 개편되었다. 부녀회 시절의 많은 동료가 부녀동맹에도 참여한 것으로 보이며 이들 가운데 여러 명이 천막수용소에 구금되었다가 총살당했다.

이때 최정숙은 부녀동맹에 가담하지는 않았지만, 부녀회 활동을 빌미로 무장대를 지원했다는 혐의를 받아 처형 직전까지 내몰렸다. 7일 동안 구금되었다가 우여곡절 끝에 석방된다.

최정숙은 석방 후 전 도지사 박경훈과 함께 보름에 걸쳐 섬을 한 바퀴 돌면서 선무 강연을 진행했다고 한다. 의사 박영훈도 선무활동에 동원된 것으로 보인다. 선무활동 참여는 무장대와 무관하다는 사실을 증명하기 위해 군에 의해 강요된 것이었다.

천막수용소에 구금된 여성 중 고지영은 제주도 초대 보건후생국장을 역임한 외과 의사 박영훈의 아내다. 의사 박영훈의 처지에서 보자면 형 박경훈, 처 고지영, 동료 의사 오창흔, 최정숙 등이 천막수용소에 갇히게 된 것이다.

그 외 구금 인물들도 평소 친밀한 인물이었을 것이다. 농업학교 천막수용소에 잡혀 온 부녀동맹 간부들은 모진 고문을 당하고 희생되었다. 그 중 한 명인 강상유[15]는 탁성록에게 강간당한 후 함께 살다가 나중에는 그에게 희생당했다.

다른 지역 인사들도 곳곳에서 고초를 겪는다. 당시 강정리에서 침술과 농사를 하던 강팽성(1909-1948?)은 1948년 10월경 토벌대에 강제로 끌려간 후 행방불명된다. 강팽성은 민청[16] 중문면 위원장으로 3·1 사건 후인 1947년 3월 17일 중문 경찰지서에 연행되었다.

1947년 3·10 총파업으로 중문지서 소속 제주 출신 경찰 6명 전원이 해고된 후 타지 출신 응원경찰 20여 명이 중문지서에 배치되어 긴장이 고조되었다. 3월 17일 중문면사무소 인근에 주민 1,000여 명이 모여 대규모 집회를 열고 3·1 사건 진상 규명과 수감된 도민들의 즉각 석방을 요구했다.

주민들은 경찰서로 몰려갔다. 응원경찰이 해산명령을 내렸으나 이에 응하지 않자 발포하여 주민 8명이 부상을 입었다. '중문리 사건'이다. 강팽성은 4월 30일 징역 7월을 선고받고 목포 수용소에서 복역 후 11월 30일 출소한다.

---

15. 강상유의 오빠는 일제강점기 사회주의자로 항일 독립운동에 참가
16. 1947년 1월 12일 청년동맹은 민청 제주도위원회로 개편. 민전의 유관 조직으로 청년 단일전선 구축을 위해 결정됨

서귀포에서 농사지으며 침술을 하던 김O순은 1948년 12월에서 1949년 1월 어느 날 경찰에 연행되어 정방폭포 부근 소남머리에서 총살당했다. 한약방을 운영하면서 농사도 짓던 김O범은 1948년 12월 삼양지서 경찰에 연행된 후 화북리 별도봉 골짜기에서 총살당했다.

12월 초 오라리에서 한의원을 운영하던 이O진은 무장대에 협조했다는 이유로 속칭 '배고픈다리'에서 주민들과 함께 총살당했다. 갓 의대 졸업하고 제주에 내려왔던 이O송은 1948년 12월 13일 처가가 있는 오라리 마을이 불탔다는 얘기를 듣고 처가에 갔다가 토벌대 연행에 저항하다 사살되었다.

반면 무장대에 희생되기도 했다. 남원리에서 병원을 운영하던 부O평은 1948년 11월경 병원을 급습한 무장대에 피살된다.

초토화 작전

1948년 11월부터 1949년 2월까지 약 4개월 동안 강경 진압 작전이 진행된다. 이 때 대부분의 중산간 마을이 불에 타 사라지는 등 제주도는 그야말로 초토화된다.

우선 중산간 마을 소개령으로 수많은 희생자가 발생했다. 토벌대가 마을을 습격하여 집들을 불태우고 주민들을 무차별 학살했다. 주민들은 산으로 피신하거나 해안마을로 거주를 옮겨야 했다. 산으로 피신하면 '입산자'라는 꼬리표가 따라 붙었고 일부는 한국전쟁 후 예비검속으로 희생되기도 한다.

중산간 마을 중 가장 인명 피해가 큰 곳은 제주읍의 노형리로 537명에 이른다.[17] 노형리는 현재 제주공항 인근 신제주의 서쪽과 남쪽 지역으로 인구가 밀집된 곳이다. 11월 19일 토벌대가 노형리를 급습하여 방화하고 대학살극을 벌였다. 옮겨간 해안마을 이호리에서도 학살은 계속되었다.

당시 노형리에서 한약방을 운영하던 김O년, 김O하, 양O원, 현O조 네 사람은 각각의 경로는 다르지만 4·3으로 희생되었다는 공통점을 갖는다. 토벌대가 노형리 마을을 급습하면서 주민들을 근처 야산으로 끌고 가 처형했다. 김O년은 이때 희생된다. 토벌대의 방화로 마을이 전소되자 김O하는 산으로 피신해 지내다 다음 해 봄 귀순 공작으로 하산하던 중 토벌대에 총살당한다.

함박이굴 지택에서 한약방을 운영하던 양O원은 소개령에 따라 해안마을로 내려와 지내다 경찰에 연행되어 군법회의에 회부되었다. 대구형무소에서 복역 중 한국전쟁 발발 후 학살

---

17. 도내 전체를 봐도 인명 피해가 가장 큰 마을. 이 다음으로 해안 마을인 북촌리(418명), 중산간 마을인 가시리(407명) 순. 실제 희생자 수는 기록된 숫자들보다 더 많을 것으로 추정

된다. 현O조는 이호리로 내려와 지내면서 마을 보초를 서는 중 무장대의 급습으로 피살당한다.

9연대는 1948년 12월 말로 여순사건 진압에 공적을 세운 2연대와 맞교대할 예정이었다. 제주를 떠나기 전에 여순사건 진압이라는 업적에 맞설 만한 전과를 올리고자 했다. 실제로 1948년 12월 중순경 9연대의 전과를 보면 머릿수 채우기에 급급한 인상을 준다. 그 대표적인 예가 '대살代殺' '자수 사건' '함정 토벌' 그리고 산 속 은신 주민들을 남녀노소 안 가리고 총살한 것이다.

이른바 대살이란 이름 아래 잔인한 총살이 자행된다. 토벌대는 중산간 마을에서 소개해 온 사람이든, 본래 해변마을 주민이든 한 자리에 모아놓고 가족 중 청년이 사라진 집안의 사람들을 도피자 가족이라 하여 총살한 것이다.

화북리에서 한약방을 운영하던 허O욱은 아들이 산으로 피신했다는 이유로 마을 주민들과 함께 화북국민학교 운동장에서 총살당했다.

1948년 12월 29일 제주 주둔군이 9연대에서 2연대로 교체됐다. 대전에 주둔했던 2연대(연대장 함병선)와 제주 주둔 9연대가 서로 맞교대한 것이다. 9연대와 2연대의 교체는 기존 제주 주둔군을 송두리째 대전 주둔군과 교체하는 것이어서 그 배경이 무엇인지 의문을 낳았다.

더구나 그간 9연대의 강경 진압 작전은 미군도 '성공적'이라고 평가할 만큼 무장대 활동을 무력화시켰고, 그 결과 연대 교체 직후인 1948년 12월 31일부로 계엄령이 해제된다.

당국은 제주 사건 진압 작전의 주역으로 2연대를 주목한다. 대전에 주둔 중이던 2연대는 바로 여순사건을 진압한, 실전 경험을 가진 부대이기 때문이다.

무장대의 전력으로는 토벌대를 상대하기 역부족이었다. 무장대는 궤멸되거나 삼삼오오 뿔뿔이 흩어져 하루하루 연명하는 상태가 되었다. 그런데 여전히 많은 주민이 중산간 마을 부근에 남은 상태였다. 군경에게 발각되면 현장에서 바로 총살되는 현실 속에서 주민들은 오도 가도 못한 채 쫓겨 다니는 중이었다.

초토화 작전이 시작되면서부터 희생자가 급증했다. 1948년 10월 11일부터 1949년 3월까지 희생자는 전체 4·3 희생자의 67.2%인 9,709명으로 집계된다.

4·3 사건 발생 초기인 1947년 3월부터 1948년 10월 10일까지 희생자는 6.6%인 955명이었다. 4·3 기간 동안 아동, 노인

산으로 피신한 아이들과 주민들 모습

[그림 1] 4·3 희생자 시기별 현황

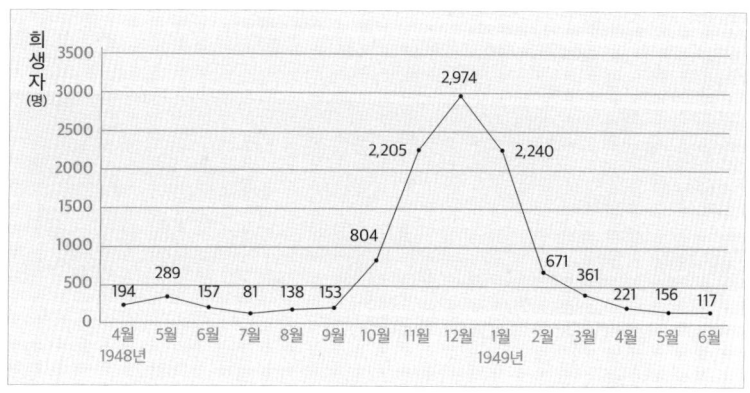

들까지 무차별로 희생된다. 61세 이상 희생자 중 76.6%가 이 기간에 희생됐다.

중산간 마을들이 소개되면서 도내에서 많은 피난민이 발생한다. 피난민들의 모습은 처참했다. 초토화 작전으로 생활 터전을 잃은 이들의 모습에 대해 당시 제주를 시찰했던 한 국회의원은 다음과 같이 묘사한다.

"이재민 수는 86,797명으로 차등(此等) 이재민은 식량, 의류를 운반할 틈도 없이 피난한 관계로 문자 그대로 돼지우리처럼 만든 집 속 땅바닥에 건초를 깔고 그냥 기거하며 해초 산초로써 그날그날 연명하여 가는 형편이고 누구 할 것 없이 허기에 신음하며 집 내외는 약취가 진동하여 견디기가 어렵다.
위문을 하면 하늘을 쳐다보고 눈물만 지을 뿐 이 가련한 꼴을 바라보는 자 눈물 없이는 보기 어렵다."

피난민들은 부상과 질병으로 고통 받았다. 이들의 진료는 도내 의료진들 몫이었다. 정태무는 다음과 같이 당시 상황을 전한다.[18]

"중산간 지대에서 소개해 온 주민들과 희생자 가족들 가운데 아메바 적리赤痢[19]와 장티브스 등 전염병 환자들이 많이 나왔으나 이들은 모두 난민들이어서 자체로 아무 치료 대책을 세우지 못했다.

의사들은 이러한 난민 환자들을 질병으로부터 구하기 위해 그야말로 참된 인술의 길을 걸어 무료 봉사에 나서고, 때로는 의류와 식량을 나눠주고 헐벗고 굶주림을 덜게 하는 등 인간애를 꽃피우기도 했다."

한림면에 근춘의원을 개원하여 활동하던 의사 김동수[20]는

---

18. 정태무 『제주도 현대의학-여명기 50년의 역사』 한일문화사 1987
19. 발열, 복통, 혈액 섞인 설사 등의 증상을 보이는 (이질 종류) 장염
20. 애월면 출신. 김유돈 아래서 공부하고 1947년 의사면허 취득

중산간 마을이 소개되어 난민들이 대거 해안지대로 내려오자 여러 곳으로 부상자를 찾아다니며 치료에 매달렸다. 자전거를 타고 왕진 다니고 심지어 생명의 위협을 안은 채 군경을 따라 작전 지역까지 출장을 갔다.

표선면에서 성제의원을 개원하여 활동하던 강항윤[21]은 4·3 부상자들의 치료에 동분서주하였다. 표선 지역에서는 특히 많은 부상자가 발생했다. 중산간에서 내려온 피난민 중 치료비가 없어 생사를 헤매는 환자들이 많았는데 이들의 치료에 최선을 다했다.[22]

지역에 개원한 대부분 의사가 비슷한 상황이었다. 초토화 작전 이후 도민들의 건강 상태는 더 악화되었고 의사들은 더 바빠졌다. 일반 주민과 토벌대, 무장대의 구분이 명확하지도 않았던 데다 설령 무장대의 일원이라 하더라도 부상당했거나 병에 걸렸으면 외면 못 하는 것이 의사의 소명이다. 무장대에 대한 진료는 은밀하게 이루어졌던 듯하지만 항상 감시의 대상이 되었다.

무장대를 치료했다는 이유로 총살당하기도 했다. 의사 강황

---

21. 남원면 출신. 제주농업학교를 다니다 중퇴 후 운전수로 일함. 개인 의원을 전전하며 견습하다 1930년 도립병원 안과 조수로 들어감. 독학으로 1943년 의사 검정시험에 합격한 후 1946년 표선면에 성제의원 개원
22. 정태무『제주도 현대의학-여명기 50년의 역사』한일문화사 1987

렬(1915-1949)[23]은 1949년 1월경 병원에 무장대를 입원시켜 치료했다는 이유로 끌려가 알뜨르비행장에서 총살당했다.

학살이 일상화하면서 모함에 의한 희생도 늘어났다. 개인적인 원한 또는 이득을 위해 상대방을 모함하기도 했다. 뚜렷한 증거가 없어도 모함 자체를 근거로 학살이 자행됐다. 법적 통제 장치는 전무했다. 섬은 무법 세상이었다.

의료진이 모함에 걸려 희생되기도 했다. 어도리에서 한의사로 일하던 강O보는 1949년 1월, 평소 사이가 좋지 않던 주민이 무장대라고 모함하는 바람에 병원에서 경찰에 끌려가 오라리 중댕이굴에서 주민들과 함께 총살당했다.

조천리 한의사인 장O보는 1949년 2월 3일, 조천 면장이 면 직원들이 무장대와 내통하여 자신을 죽이려 한다는 허위 정보를 경찰에 제공하는 바람에 면 직원 및 민보단장 등 마을 유지 10명과 함께 총살당했다.[24]

화북리에서 한약방을 운영하던 신O탁도 1949년 1월 마을 주민의 밀고로 화북국민학교에서 총살당한다. 무장대가 화북

---

23. 애월면 곽지리 출생. 1943년 의사 자격 취득 후 애월리에 개원하여 활동. 아버지인 의생 강봉희(1884-1942)도 애월면 곽지리에서 의원을 개설해 운영. 임파선 결핵 수술을 잘해 명의로 소문남. 아들 강황렬은 콜레라 방역에도 헌신하고 지역사회 발전에도 기여

24. 제주4·3평화재단『제주4·3사건 추가 진상조사보고서 I』 2019

산 속 움막 생활 모습

지서를 습격하여 불을 지르는 일이 벌어졌는데 이 관련 혐의로 밀고 당한 것이다.

초토화 작전이 진행되면서 해안지대에는 집단부락이 축조되었다. 집단부락은 피난민과 해안지대 주민들에 의해 이루어졌고 축성하는 데 대략 1개월이 걸렸다. 주민들을 감시하면서 무장대들을 고립시키는 효과도 노렸다.

집단부락 건설 지시자는 경찰감찰청장 홍순봉이었다. 홍순봉은 과거 만주국에서 경찰 겸 관료 직을 맡았던 인물이다. 집단부락 축성은 기본적으로 만주국의 집단부락 건설과 같은 목적이었다.

집단부락의 경비는 초소마다 5교대로 이루어졌다. 정문에서는 양민증, 통행증을 확인해 출입, 외출시켜 주는 검문 제도를 실시했다. 집단부락의 경비 업무는 민보단이나 대한청년단 소속 청년들이 맡았다.

집단부락 건설은 경작지를 포기하는 것이었고 어업도 나가지 못했기에 제주 경제는 마비 상태에 빠지게 된다. 중산간 마을에서 대규모 이재민이 발생한 상황에서 경제 활동까지 중단되어 이중으로 어려운 상황에 처한다.

1949년 3월 2일 제주도지구 전투사령부가 창설되었다. 사

당시 축조된 집단부락 성곽의 모습

령관에는 유재흥(1921-2011) 대령이, 참모장에는 2연대장 함병선(1920-2001) 중령이 각각 임명됐다. 전투사령부가 설치된 기간은 1949년 3월 2일부터 5월 15일까지로, 2연대장 함병선이 진압 작전을 주도한 제1기와 3월 마지막 주 사령관 유재흥이 도착한 이후인 제2기로 나뉜다.

선무공작은 제2기 때부터 비로소 시작됐다. 유재흥은 5·10 재선거가 무사히 실시되자 5월 13일 제주를 떠났다. 제주도지구 전투사령부는 5월 15일 날짜로 임무를 2연대에게 맡기고 공식 폐지된다.

강경 진압이 진행 중이던 1949년 4월 9일 대통령 이승만은 제주도의 치안 상황을 시찰하는 동시에 일선 군경의 노고를 위로 격려한다는 명목으로 제주를 방문한다.

2연대 병력 중 서북청년단 단원들로만 구성된 3대대는 5월 15일 전투사령부와 함께 제주에서 철수했다. 전투사령부 사령관 유재흥은 선무공작을 실시하면서 "하산하면 과거 죄를 묻지 않고 생명을 보장해 주겠다"고 했지만, 실제 유재흥이 제주를 떠나고 난 후 1,600여 명이 총살당하거나 전국 각지 형무소로 보내진다.

1949년 초 계엄 당국은 산에 올라갔거나 끌려간 이들의 귀순을 돕는 선무공작 활동을 전개한다.

1949년 4월 9일 제주에서 강경 진압 선봉의 2연대 장병을 격려하는 이승만

2연대장 행정고문 이기영을 대장으로 한 육군 선무공작대가 120여 명 규모로 1949년 1월 19일 발족한다. 이들은 각 마을을 순회하며 강연과 노래, 연극, 의료 활동 등을 통한 선무공작을 진행한다.

선무공작대 의료부장은 의사로 대한청년단 활동을 한 도 보건계장 김대홍이 맡았다. 김대홍을 반장으로 하는 의료반은 피난민 대상 진료를 하고, 거동이 어려운 환자 왕진도 다니고, 중환자는 도립병원으로 후송하여 치료받게 하였다.

1949년 초반의 초토화 작전으로 무장대 조직은 사실상 와해된다. 4월 2일 서귀면 서홍리 쌀오름(미악)에 있던 남로당 제

함께 묶여 끌려나오는 주민들

주도당부가 제2연대 2대대의 공격을 받을 때 조직부장 김민성(김양근), 총무부장 김두봉 등 간부들도 생포되었다.

6월경 한 언론사 기자와 간부들과의 면담이 기사로 실렸다.[25] 이후 대부분 처형된 것으로 보인다. 도립병원 약제과장이던 김두봉은 무장봉기 주모자 급으로 분류되어 4·3 희생자로 인정받지 못한다.[26]

6월 7일 무장대 총책 이덕구가 사살된다. 김용관(제주도인민위원회 도 책임자), 김대진(부사령관)도 사살된다.

7월 15일에는 독립제1대대(대대장 김용주 중령)가 제주로 이동해 2연대의 임무를 이어받는다. 12월 27일까지 약 5개월간 주둔을 마치고 제주에서 철수했고, 다음날 해병대(사령관 신현준 대령)가 제주에 도착한다.

해병대 사령부는 이듬해 1950년 2월부터 6월까지 5개월 동안 산악지역 진압 작전을 전개한다.

4·3사건이 발발하자 군부대는 주정공장을 접수하여 처음에는 무기를 제조하는 조병창 시설로 활용했다. 초토화 작전이

---

25. 『경향신문』 1949.6.25
26. 무장대에 참여했다는 이유로 위패가 철거되고 희생자에서 배제된 이들이 있는 반면 가해자 처벌은 불문에 부쳐진 상황. 4·3 과정에서 희생된 사람은 이유를 불문하고 모두 4·3 희생자로 대우해야 진정한 화해와 상생의 기반이 마련될 것임

초토화 작전 당시의 토벌대와 생포된 주민들

개시된 후 농업학교 천막수용소만으로는 부족해지자 1948년 겨울부터 주정공장 언덕 위 고구마 저장 창고 10여 개를 수용소로 사용한다.

1930년대 들어 일본은 중국과 전쟁을 시작하면서 심각한 에너지 부족을 겪는다. 항공기 연료로 쓸 엄청난 양의 석유가 필요하게 되어 석유에 알코올(무수주정, 물을 함유하지 않은 에탄올)을 섞어 사용하는 방식을 택한다.

그래서 재료인 고구마 생산이 많은 제주도에 공장을 설립한다. 제주항 인근 1만 3천여 평 규모의 주정공장은 당시 제주에서 가장 큰 공장이었다. 하산자나 예비검속자 수용소로 사용할 때도 공장은 멈추지 않았다고 한다.[27]

주정공장 수용소는 1949년 들어 운영되었다. 본격적인 선무공작이 펼쳐지면서 1949년 봄부터 하산하여 귀순하는 사람이 늘어났다. 이들을 주로 주정공장에 수용했다.

1949년 3-5월 기간에 남자 2,974명, 여자 3,040명 등 모두 6,014명이 귀순했다. 이 중 3,000여 명이 주정공장에 수용된다.

주정공장의 수용 환경은 열악하였다. 1949년 5월 11일 주

---

27. 조수진 「제주 주정공장, 4·3 역사만 있는 게 아니다」 『제주투데이』 2023.4.12

제주항 부근의 주정공장 모습

정공장을 방문한 유엔한국위원단의 시찰 보고에 따르면 수용소에는 약 2천 명이 수감된 상태였는데 이들 중 90%는 산에 숨었다가 투항한 하산자였다고 한다.

  여자가 남자보다 3배 이상 많고 갓난아이, 어린이들도 많았다. 수용소에서 출산도 하였다. 고문 후유증으로 수용소에서 죽어 나가는 사람도 많았다. 『경향신문』은 당시 수용소 상황에 대해 다음과 같이 보도한다.[28]

  "영양부족과 위생시설의 불완전으로 인한 전염병이 발호하

---

28. 『경향신문』 1949.6.20

토벌대에 체포된 도민들

는데 그 대부분은 적리 환자이다. 금년에만 사망자가 78명이나 되며 여기에 대한 의료품 역시 태부족으로 중앙이 원조하지 않으면 제주도로서는 속수무책일 것이다. 수용소에서 역시 영양부족 등으로 매일같이 여러 명씩 병사자가 속출하는 형편이니 어쨌든 이들에게는 의약품 보급이 무엇보다 시급한 것이다."

제주도 당국의 발표에 의하면 1946년에 대략 28만 2,942명이던 제주도 인구가 1949년 6월 무렵에는 25만 400명으로 3만여 명이 감소했다. 5만 7,000호의 주택 중 약 2만여 호가 소실되었으며 3만에 가까운 축우(畜牛) 중 1만 7,000여 두, 1만

5,000여 필의 마필 중 약 6,000필, 4만 6,000의 돼지 중 2만 2,000두를 동란의 제물로 바치게 된 것이다.[29]

두 번의 군법회의(군사재판)

민간인을 대상으로 한 육군 군법회의는 1948년 12월과 1949년 7월 두 번 실시되었다. 1차 군법회의는 1948년 12월 3-27일 사이 12차례에 걸쳐 진행되었고 2차 군법회의는 1949년 6월 23일부터 7월 7일까지 총 10차례 열린다.

[표 7] 1, 2차 군법회의 현황

	1차 군법회의(1948.12)	2차 군법회의(1949.6-7)
대상자	870명	1,660명
적용 법률	형법 제88조(내란)	국방경비법 제32조(적에 대한 구원통신연락 또는 방조) 국방경비법 제33조(간첩)
계엄 여부	계엄 선포	계엄 해제

두 차례의 군법회의에서 제주도민들은 사형, 무기징역, 20년형, 15년형 등 중형을 선고받았다. 군경 토벌대가 남녀노

29. 『조선중앙일보』 1949.6.28

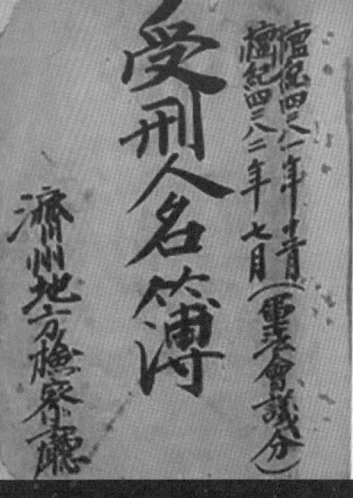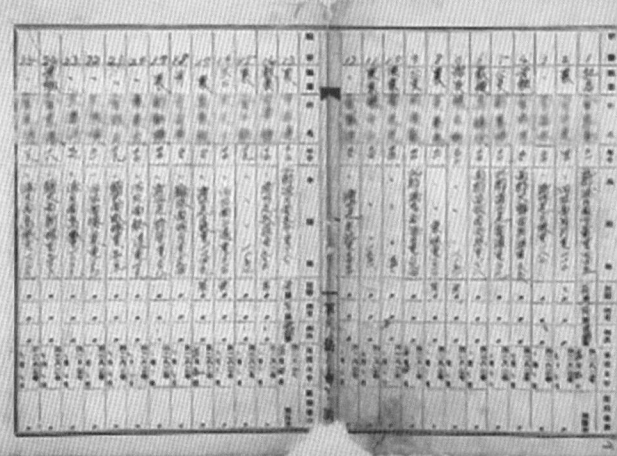

군법회의 수형인 명부

소 가리지 않고 무차별 학살극을 자행하던 초토화 작전기인 1948년 12월의 1차 군법회의에선 전체 수형인 870명 가운데 사형이 4.5%, 무기징역이 7.6%의 비율을 차지한다.

당시는 제주도에 계엄령이 선포되었던 때여서 민간인을 군법회의에 회부해 모두 일제 형법의 내란죄를 적용한 것이다.

무장대가 궤멸되어 사건이 거의 종결되었다고 여겨지던 때인 1949년 6-7월의 2차 군법회의에서는 전체 수형인 1,660명 가운데 사형이 20.8%, 무기징역이 14.3%의 비율을 차지해 1차 군법회의 때보다 더욱 가혹했다.

이때는 계엄령이 해제된 때라 민간인을 군법회의에 회부하지 못했기에 「국방경비법」을 적용했다. 「국방경비법」은 기본적으로 군법(軍法)이므로 대개의 조문은 "군인 및 군속으로서~"로 시작된다. 그러나 제32조(이적죄)와 제33조(간첩죄)만은 "여하한 자로서~"로 시작된다. 이를 근거로 민간인을 군법회의에 회부한 것이다.[30]

두 차례 군법회의를 통해 384명이 사형 선고를 받는다, 2차 군법회의에서 사형을 선고받은 345명은 정뜨르비행장에서 10월 2일 집단 총살당해 암매장된다.

---

30. 김종민, 하상희, 강남규 『4.3 피해자 회복탄력성 연구』 제주연구원 2019

제주 군법회의 수형인 명부에는 2,530명의 이름이 들었다. 무기징역 선고 수형인은 305명이다. 이외 일반재판에서 유죄 판결 받은 200여 명을 포함하면 2,700명이 넘는다. 4·3 당시 제주에는 형무소가 없어 이들은 전국 15개 형무소에 뿔뿔이 흩어져 수감됐다.

　이들 중 7년 형을 받은 300명이 대전형무소로 이감되었고, 무기징역은 주로 마포형무소, 15년형은 주로 대구형무소, 7년 형을 받은 215명도 목포형무소로 이감되었다. 19세 이하의 소년들은 인천소년형무소, 여성들은 전주형무소에 수감되었다. 제주 의료인도 여러 명 수형인에 포함되었다.

무장대의 의료

　무장대는 부상을 당하거나 병을 앓는 무장대원들에 나름의 대응 체계를 갖춰야만 했다. 무장활동을 총괄하는 도 사령부島司令部 아래 위생부를 두고 하부의 면 사령부面司令部 아래도 위생부를 두었다. 식량, 의약품 등 보급을 위해 도 사령부 아래 경리부를 두고 면 사령부 아래는 보급부를 설치했다. 도립병원 약제과장이던 김두봉이 총무부장을 맡기도 해서 의약품 등 물자 보급에 관여했을 것으로 보인다.

5·10 선거 직전에 다시 조직 개편을 하면서 위생부를 경리부 관할 위생과로 전환한다. 5월 말에 다시 개편하면서 도 사령부 아래 군수부 관할 위생과를 설치한다. 그리고 하부 단위 소대마다 3개 분대를 두고 제3분대는 취사, 연락, 위생을 담당하도록 했다. 1개 소대는 대략 16명, 1개 분대는 5명으로 구성하였다. 이후에도 상황에 따라 여러 차례 조직 개편이 이루어졌다.[31]

　일정한 장소에 야전병원을 차리고 각 부대마다 의료 담당자를 정해 두었다. 간단한 소독 물품이나 의약품 정도 준비하였을 것으로 추정된다. 무장대를 소탕하는 과정에서 의약품들이 다수 노획되어 제주 의료계 인사들이 곤혹스러웠다.[32]

　무장대 위생병의 활동 증언을 옮기면 다음과 같다.
　김석규는 23세에 제주읍 남문로의 후생의원 약제실에서 근무 중이었다. 당시는 '남로당에 가입 안 한 사람은 사람 취급을 안 했기 때문에' 남로당에 가입하여 초기부터 연락병으로 활동한다. 사건이 확대되자 입산하여 1년쯤 면당 위생병으로

---

31. 장윤식 「제주4·3사건 초기 '무장대의 조직과 활동'」 석사학위 논문, 제주대학교대학원 사학과 2005.12
32. 의약품은 시중에서 쉽게 구하기 어려운 물품으로 의사나 약종상을 통해서만 구입이 가능하므로 의료계 감시가 계속됨. 제중의원 원장 이승호도 이 문제로 정보당국으로부터 추궁당한 것으로 보임. 이승호는 1950년 예비검속에 걸려 희생됨. 약종상들도 관련 가질 듯함

활동하다가 붙잡혀 하산하였다.³³

무장대가 아닌 주민들도 산 쪽으로 올라가 피신한 곳들이 많았고 의료진들이 간단하게나마 처치를 해줬다는 증언도 다음과 같이 따른다.³⁴

"아무튼 군인들이 물러간 후에야 남편이 나타났습니다. 죽은 아들을 가매장하고 '뒷곶'이라는 곶자왈로 가서 숨었습니다. 남편은 부상당한 나를 업고, 딸은 조카가 구덕에 담아 이동했습니다. 곶에서 약 10일간 숨었는데 그곳에도 '병원장'이 있어서 아까징끼를 발라줬습니다. 딸은 부러진 다리뼈가 살을 찔러대니까 고통에 못 이겨 계속 울었습니다."

무장대 지휘부는 한라산 어승생악 남쪽 능선에 아지트를 건설하고 인근 승패왓³⁵에 무장대 야전병원을 설치하여 제주읍 사수리 출신 의사가 부상병을 치료했다고 한다. 무장대를 소탕하는 과정에서 의약품이 다수 노획되기도 한다.³⁶

『해병전투사』³⁷에는 해병대가 1950년 2월부터 6월까지 5개

---

33. 오성찬 채록·정리『한라의 통곡소리』소나무 1988
34. 김종민, 한상희, 강남규『4·3 피해자 회복탄력성 연구』제주학연구 62, 제주연구원 2019
35. 승(승)피왓이라 함. 현재 한라산 어리목 등산코스 시작인 어리목 광장
36. 제주도의사회『제주도의사회 60년사 1945-2005』2006
37. 1968년 발간, 3급 비밀로 분류되었음 (재인용)

월 동안 산악지역 제1차 진압 작전을 전개하는데 토벌전 중 3월 10일, 중문면 881고지 중턱에서 무장대 야전병원을 기습해 병원장 등을 사살했다고 기술되었다.

이에 대해 『대한민국 해군사』[38]에는 다음과 같은 대목이 나온다.

> "3월 10일 3시경 중문리 881고지 중턱의 제1대 소속 작전부대가 오후 3시 게릴라들의 야전병원을 찾아내어 병원장 김표길, 남로당 제주도지구 서기장 강철 등의 요인을 사살했으며, 다수의 문서를 노획하는 성과를 거두기도 했다."

김표길(1910-1950?)은 애월면 하귀리 출신 의사다.[39] 다른 자료에서는 사망일이 군 기록 1년 전인 1949년 3월 10일로 나온다.[40] 또 1948년 무장대에 납치되어 야전병원에서 일하다 협조하지 않아 무장대에 사살되었다고도 나온다.

무장대가 이미 괴멸되어 소강상태로 접어든 무렵인 1952년

---

38. 해군본부전사편찬실『대한민국 해군사』1954 (재인용)
39. 김표길이 위에서 언급되는 사수동 출신의 의사인지는 불확실. 사수동은 제주공항에 서쪽으로 인접한 마을로 더 서쪽이 애월면
40. 하명실「제주도 하귀마을의 4·3 경험과 치유과정 연구」석사학위 논문, 제주대학교대학원 사학과 2017

4월 16일 제주서 관내 성널오름[41] 부근에서 토벌대가 생포한 무장대 중에는 의료책임자 고신종(당시 22세, 조천면 와흘리 출신)과 간호원 김순자(당시 17세, 제주읍 이호리 출신)가 보인다.

초기에 야전병원이라는 명칭이 등장한 것으로 볼 때 어느 정도 체계를 갖추려고 시도한 것으로 보인다. 그러나 현실적으로 초보적인 수준의 진료가 이루어졌을 테니 부상자들을 한군데 모아 관리했다는 의미가 더 클 것이다.

41. 성판악 인근

1948년 5월 1일 오라리 마을 장례식장에 참석한 경찰과 서북청년단, 대동청년단 등 30여 명이 좌익 활동으로 지목된 마을 주민들의 집을 찾아다니면서 방화한다. 미군은 불타는 마을을 촬영하여 「제주도의 메이데이」라는 영상으로 제작하고 무장대의 소행으로 몰아갔다.

5장

한국전쟁 발발과 제주 민간인 학살

해병대는 1949년 12월 28일 제주도로 이동해 4·3 진압에 나섰다. 사령관은 신현준(1915-2007)이었다. 제주에 주둔하면서 1950년 2월부터 6월까지 5개월 동안 사악지역 진압 작전을 전개했다.

한국전쟁이 발발하자 해병대 사령관은 제주도지구 계엄사령관을 겸하였다. 6-8월 예비검속으로 많은 제주도민이 희생되었다. 해병대는 주로 제주 출신으로 구성된 3-4기 신병을 데리고 인천상륙작전에 참가하기 위해 9월 제주를 떠났다.

예비검속

한국전쟁이 발발하자 정부는 보도연맹원과 반정부 혐의자

들에 대한 예비검속을 실시했다. 제주에서도 즉각 예비검속 지시에 따라 요시찰 인물에 대한 일제 검거가 이루어졌다.

6월 말부터 8월 초에 이르기까지 공무원, 교사에서 학생과 부녀자 등에 이르기까지 예비검속이 이루어졌다. 한국전쟁 발발 후 예비검속자는 도내 4개 경찰서(제주, 모슬포, 서귀포, 성산포)에서 총 1,120여 명에 이른다. 이들은 A, B, C, D 네 등급으로 분류되었는데 C, D 등급은 이적행위 가능성이 높다는 이유로 계엄군에 넘겨져 총살되었다.

7월 말부터 8월 하순 사이 제주읍과 서귀포, 모슬포 경찰서에 검속된 자들에 대한 군 당국의 총살 집행이 이루어졌다. 예비검속자 사살은 극도로 비밀리에 수행되었다.

한편 문형순(1897-1966)[01] 성산포 경찰서장은 8월 말 예비검속자를 총살하라는 해병대 정보참모의 총살 지시를 거부하여 성산포 지역 예비검속자들은 희생을 피한다. 나머지 3개 지역 경찰서에서 희생자가 나온다.

희생자는 제주 북부 지역(제주읍, 조천면, 애월면) 117명, 모슬포 지역(한림면, 대정면, 안덕면 등) 218명, 서귀포 지역(남원면, 서귀

---

01. 평안남도 안주군 출생. 1919년 신흥무관학교 졸업 후 만주 등지에서 항일 독립운동. 1929년에 만주 한인사회 준 자치정부인 국민부 중앙호위대장 역임. 1935년 북지 하북성에서 지하공작대 복무, 1945년 8월까지 화북지역에서 한국광복군 활동하다 8.15 후 귀국해 경찰계 투신

면, 중문면) 78명 등 모두 413여 명이다.[02] 제주지역 의사 이승호(1913-1950), 장시현(1916-1950), 모슬포 지역 한의사 김O학이 이때 희생되었다. 한림에서 한약방을 운영하던 이O삼도 이때 희생된다.

이승호[03]는 한국전쟁 발발 후 집으로 찾아온 경찰에 연행되어 제주경찰서 유치장에 구금되었다. 7월 16일경 군 트럭에 실려 나간 후 산지항에서 배에 태워져 바다에 수장되었다고 전해진다.[04]

당시 산에서 의약품이 자꾸 발견되면서 도내 의사들이 의심을 받아 많은 곤욕을 치렀다. 이승호가 운영하던 제중의원 건물과 헌병대는 같은 뒤뜰로 연결되었었다. 4·3사건 초창기에 이승호는 헌병대장과 친분이 있어 잘 넘어갔지만 헌병대장이 바뀐 이후는 압박이 심해져 병원 문을 닫고 부부만 육지로 피신해야 했다.

사태가 진정되는 듯해 다시 제주로 들어와 병원을 계속 운영하려 했는데 한국전쟁이 발발하면서 예비검속이라는 이름

---

02. 조정희 「한국전쟁 발발 직후 제주지역 예비검속과 집단학살의 성격」 문학석사 학위논문, 제주대학교 대학원 사회학과, 2013년 2월
03. 제주읍 출생. 1938년 평양의 기성의학강습소를 졸업하고 한지의사 시험에 합격. 귀향한 후 표선면에서 공의로 일하는 한편 제중의원을 개원해 활동하다 1942년 구좌면으로 이전. 해방 후 제주읍으로 이전, 1947년 제주읍 일도리에 입원실 15개의 3층짜리 건물 신축. 침술과 한방을 겸한 명의로 이름이 높았음. 1949년에 정규 의사 자격 취득
04. 진실화해를위한과거사정리위원회 『2010년 상반기 조사보고서』 2010

으로 구금된 후 학살되었다. 가족들의 고통도 이루 말하기 어려웠다. 이승호가 잡혀간 후 병원 건물은 계엄사령부 정보과 사무실로 강제 차출되어 버렸고 모여 살던 가족도 여기저기 친척 집으로 흩어졌다.

이승호처럼 바다에 수장하는 수장 학살은 여러 건 진행된 것으로 보인다.[05] 1950년 8월 제주항에서 국민방위군 경비 근무를 하다 사건을 목격한 장시용의 증언이 존재한다.

"9시가 조금 지났어. 차가 오데. 배가 딱 대기 중이었어. 나는 확실히 본 거지. 여자고 남자고 옷 입은 사람이 없어. 이만 한 줄로 두 손 묶어서 큰 줄에 전부 다 맸어. 한 시간쯤 작업하데. 차가 10대가 들어왔어. 차 안에 딱 50명이라. 바다에 하여튼 500명 들어간 것만은, 이것만은 틀림없어."

당시 배 선주의 증언에 따르면, 먼 바다로 나간 예비검속 자들을 3-4명씩 철사로 묶었다고 한다. 이들은 총으로 1차 사살됐고 다리에 돌을 묶어 나오지 못하도록 했다.[06]

---

05. 수장 학살은 1950년대 한국전쟁 직후 제주 이외 완도, 해남, 진도, 여수, 목포, 마산, 부산 등에서도 자행됨. 증거를 없애기 위해 먼 바다에 나가 시신을 유기하는데 조류를 따라 일본 대마도나 다른 지역까지 흘러 들어갔다가 현지 언론에 의해 알려지기도 함
06. 안서연 「[절대극비]② '500명이 수장된 제주 바다'…그날의 목격자들」『KBS 뉴스』 2023.4.12

장시현[07]은 6월 29일-7월 중순경 병원에서 수술 중 애월지서 경찰에 연행되어 제주경찰서로 이송 구금된다. 애월면에서 20여 명의 청년이 예비검속자로 지명되어 끌려갔다. 장시현은 제주경찰서 유치장에 구금되었다가 8월 19일경 정뜨르비행장에서 총살되어 암매장되었다.[08]

동생인 의사 장시영은 1948년 조천면에서 발생한 김용철 고문치사 사건에 검시 의사로 참여하여 사건의 진실을 밝힌다. 이후 신변의 위험을 느껴 부산으로 피신하였다.

장시영은 형이 세상을 달리한 지 42년 만에야 가묘를 만들고 시신 대신에 묘지명을 묻었다. 장시영은 형이 희생당한 이유를 알고자 훗날 정보기관을 통해 경찰 기록을 확인했다고 한다. 당시 경찰서 기록에는 형 장시현이 '남로당 프락치'라고 적혔다고 한다.

실제 남로당과 관련 가졌을 수도 있지만 착오나 모함 가능성도 추측된다. 여러 문서에 남로당 임원으로 공식적으로 나

---

07. 아버지 장익준과 동생 장시영도 의사. 1934년 평양의 기성(箕城)의학강습소에서 1년 과정을 수료 후 귀향하여 중앙의원 의사 김유돈 밑에서 의술을 습득, 1937년 한지의사 시험에 합격. 남제주군 남원면 공의가 되어 현지로 내려간 장시현은 남원리에 송강의원을 개원하여 활동. 1941년 태평양전쟁이 발발하면서 성산면 공의로 임명 받아 성산포로 이주. 해방 후 고향인 애월리로 돌아와 홍제의원 개원

08. 진실화해를위한과거사정리위원회『2010년 상반기 조사보고서』. 장시영은 1950년 8월 23일 친분 있던 경찰 손〇〇로부터 형 장시현이 예비검속으로 제주경찰서 유치장에 구금되었다 죽었다는 얘기 들었다고 진술

오는 조천면 출신 김시탁과 달리 장시현의 이름은 확인되지 않는다.

　모슬포 지역(한림면, 대정면, 안덕면 등) 예비검속 희생자는 218명이다. 이들은 여러 날에 걸쳐 송악산 섯알오름에서 학살당했다. 1950년 8월 20일 132명이 섯알오름에서 학살되어 암매장되었다. 1956년에야 시신을 수습하는데 뼈들이 서로 엉켜 구분하기 어려웠다. 유해를 합동 안장하고 후손이 모두 한 자손이라는 의미로 '백조일손지지'라고 묘역 이름을 지었다.
　한의사 김O학은 한림면 금등리 출신으로 예비검속으로 연행된 후 모슬포 절간 고구마창고에 구금되었다가 8월 20일 섯알오름에서 총살당했다. 한림리에서 한약방을 운영하던 이O삼도 예비검속으로 경찰에 연행된 후 8월 20일 섯알오름에서 총살당했다.

　1950년 제주도 예비검속 희생자에는 10대도 49명, 60대 이상 8명도 포함되었다. 무차별하게 진행되었음을 드러낸다.

[표 8] 예비검속 희생자 연령별 분포

연령	10대	20대	30대	40대	50대	60대 이상	미상	계
희생자 수(명)	49	278	150	48	24	8	9	566
비율(%)	8.7	49.1	26.5	8.5	4.2	1.4	1.6	100

4·3 당시 최대 학살터였던 정뜨르비행장 현장은 2007년부터 유해 발굴 사업을 진행해 388구의 유해를 찾았다. 1949년 군사재판 사형수, 서귀포, 모슬포 예비검속자 등의 유해도 확인되었다.

1950년 9월 해병대가 철수한 후에야 제주지역에서 예비검속자 총살 집행은 정지된다.

제주도 유지사건

한국전쟁 직후 제주에서 예비검속 광풍이 부는 와중인 8월, 제주도 유지들이 구금되고 고문당하는 사건이 발생한다. 1950년 8월 9일 새벽 제주읍 관덕로의 제중의원[09] 건물에 들어선 계엄사령부에 김대홍 도립병원장을 비롯한 도내 주요 기관장과 지역 유지들이 잡혀 들어온다. 이를 '제주도 유지사건'이라 한다.

이들의 혐의는 인민군의 제주도 상륙에 대비하여 '인민군 상륙 환영준비회'를 조직해 북한과 내통했다는 것이다. 이때 유

---

09. 한국전쟁이 발생하자 계엄사령부에 징발당해 정보과에서 사용, 제주도 유지사건의 산실이 된 3층 목조건물. 5년 정도 이곳에서 인술을 펴던 제중의원 원장 이승호는 예비검속자로 구금되었다가 제주 앞바다에 수장 학살됨. 가족들도 이 건물에서 고문당함

지급 인사 16명이 구속된다.

김재천(제주지방법원장, 판사), 원복범(제주지방검찰청 검사장), 홍순원(제주도 총무국장), 전인홍(제주도 지방과장), 최남식(제주농업학교장), 이인구(전 제주도 사회과장), 백형석(상업, 제주적십자사 지부장), 최원순(변호사), 김차봉(제주읍장), 김무근(변호사), 김대홍(제주도립병원장, 의사), 이윤희(제주조흥자동차부 대표), 김영희(주정회사 사장), 장용문(총후보국회 서기), 한상용(제주농업중학교 준교사), 조규환(제주농업중학교 훈련교관) 등이다.

이들은 계엄사 헌병대에 끌려간 후 45일간 제주 주정공장 및 수협 창고에 갇혀 혹독하게 고문당한다.

이들에 대해 정보과 소속 김종만 병조장, 박서상, 유호선 경사 등은 범행을 자백하지 않는다는 이유로 물 고문, 곤봉 구타, 총살 위협 등의 폭력을 자행했다. 구속된 이들 대부분은 혹독한 고문으로 혐의 사실을 거짓 시인해야만 했다. 신현준 제주계엄사령관의 결재로 8월 21일 모두 처형될 운명이었다.

그러나 모함 가능성 보고가 상부에 올라가면서 현지 조사를 위해 내무부에서 선우종원 치안국 수사지도과장이 제주로 급파된다. 군경합동수사대의 조사 결과, 이 사건은 해병대 정보참모부 소속 대위 신인철[10] 등이 조작한 사건임이 밝혀져 이

---

10. 악명 높은 육군 장교이자 치과의사로 한국전쟁 후 개설한 제주도 비상계엄사령부 정보과장. 김

들은 구속되었다. 하지만 구속자들은 9월 3일 석방된다.[11]

피검자 취조 과정에서 장용문이 고문치사되고, 김재천 제주지방법원장은 고문 후유증으로 정신착란을 일으켜 일찍 사망한다. 예비검속과 유지사건 등으로 제주지역 사회는 극도로 위축되었다.

고문으로 사망한 장용문 관련해 당시 군 수사 기록에서 확인되는 내용은 다음과 같다.[12]

"소위 제주도인민군환영준비위원회 사건 관련 혐의로 해병대 정보참모실에 구금당하였던 장용문(총후보국회 서기, 36세)을 범죄 사실에 대한 자백을 신문訊問할 목적으로 1950년 8월 13일 오후 12시경부터 익일 오후 3시 30분경까지 사이 장용문의 양수兩手를 포승捕繩으로 포박, 천장에 현박懸縛하여 신체를 자유 불능케 한 후 전신에 긍흘하여 야구용 '배트'봉棒 또는 혁대 혹은 수권手拳 등으로 구타 또는 족축足蹴하여서 동인으로 하여금 8월 14일 오후 4시경 치사케 하였다."

재능, 탁성록과 함께 제주에서 3대 폭한暴漢으로 불림. 신인철에 대한 판결은 군법회의에서 재판을 끌다 흐지부지됨
11. 제주도지편찬위원회『제주도지』제5권, 제주도 2006년 5월
12. 진실화해를위한과거사정리위원회『2010년 상반기 조사보고서』2010

당시 구금되었던 도립병원장 김대홍은 1947년 창립된 우파 청년단체인 대동청년단에서 활동했다. 1948년에 제주읍으로 이주하고 도청 보건계장을 맡는다. 이어서 도립병원장인 문종후가 사임하면서 도립병원장도 겸하다가 봉변을 당한 셈이다. 이 사건 이후 전북 군산도립병원장을 역임했던 이수한이 제주도립병원장을 이어받았다. 이후 김대홍은 한림보건소, 조천, 성산 등지의 보건진료소장을 맡아 활동한다.

구금 인사 중 최원순(변호사)과 최남식(제주농업학교장)은 의사 최정숙의 아버지와 오빠다. 천주교 신자로 천주교회 인사들과 교분을 가진 최정숙은 천주교 신부들을 만나 구제책을 상의하고 중앙에서 내려온 치안국 수사지도과장에게 진실을 알린다. 모략의 배경을 파헤치고 사건을 해결하는 데 숨은 역할을 했다고 한다.

제주 주둔 군대와 군 병원

제주도에 군사기지가 들어서기 시작한 것은 모슬포에 해군 항공 기지를 위한 비행장 건설이 추진되던 1926년부터였다. 태평양전쟁 막바지 결사 항전을 준비하면서 제주에 들어온 일본군은 총 7만 4,781명이었다. 광복 직후에 국방경비대 총사령부는 9연대를 창설하여 모슬포에 주둔시켰다. 4·3 이후 많은 병력이 파견되면서 상병傷病 치료에 군 의무관이 배치되었다. 그러나 상병 진료를 자체로 해결 못해 의약품을 보건부로부터 지원받거나 민간 의료기관을 활용했던 것으로 보인다. 1949년 12월 말부터 해병대가 주둔하여 4·3 진압 작전을 펼치던 중 한국전쟁이 발발한다.

1951년 3월 21일 기존의 대구 제1훈련소, 부산 제3훈련소 및 제주의 제5훈련소를 통합하여 육군 제1훈련소를 대정면 상모리에 설치한다. 이곳은 '모슬포 훈련소'라고도 불렸다. 1956년 1월 1일 폐쇄될 때까지 전방에 배치할 신병 교육이 주된 임무였다.

이 부대는 한때 8개 신병연대와 2개 교도연대 및 1개 하사관학교와 수송학교, 1개 육군병원 등을 거느린 제주에서 규모가 가장 큰 부대였다. 그리고 무장대 토벌 작전에는 직접 참여하지 않았지만 제1훈련소장이 제주지구 위수사령관을 겸임하여 필요할 때는 작전 지시를 내리거나 경계 지시를 내렸다.

모슬포 육군 제1훈련소에서 양성된 병력은 50만여 명에 이른다. 대정부녀회 회원들이 인근 빨래터에서 많은 훈련병이 쏟아낸 엄청난 양의 군복을 빨래해 주며 지원에 나서기도 하였다.

육군 제1훈련소에서 대정부녀회원들이 장병들에게 주먹밥 나눠주는 모습

    유엔 군사령부는 1952년 6월부터 포로들을 친공포로와 반공포로로 분리하여 수용하였는데, 북한군 포로는 육지에, 중공군 포로는 제주도에 수용하였다. 본국 송환을 원하는 친공포로는 정뜨르비행장에, 송환을 원하지 않는 반공포로는 알뜨르비행장에 수용하였다.

    1953년 2월 1일 기준 수용 포로 인원은 정뜨르비행장의 포로가 5,809명, 알뜨르비행장의 포로가 14,314명이었다. 정뜨르비행장에 수용된 친공포로들은 시위와 자살이 빈번했다. 포로들은 1952년 10월 1일 중공 정권 수립 3주년을 맞아 행사를 가진 후 시위에 나섰고, 경비 중이던 미군 2개 소대가 출동하여 진압하는 과정에서 포로 45명이 사망하고 120명이 부상을 입는 사건이 발생한다.

이 사건을 조사한 유엔군 사령부 헬렌 소장은 "폭동은 집단탈주 공작의 일환으로 시작되었으며 탈주 후에는 한라산 공비들과 합류할 계획까지 세운 사실이 드러났다"고 발표했다. 그런 상태이니 인근 지역주민은 불안에 떨어야 했다.

모슬포 지역은 주변에 원주민, 피난민, 훈련병, 포로까지 약 10만여 명 몰려 살게 되면서 식량, 식수, 물자 부족에 시달렸다. 전염병이 돌고 여러 질병으로 사망자가 증가했다. 모슬포는 '못슬포'라고도 불렸다.

한국전쟁을 계기로 1950년 해군 제주기지 사령부가 설치되고, 해군 소속의 의무 시설로 해군 제3병원[13]이 1950-1953년 유지되었다. 이때 외래 진료소를 옛 후생의원에 두고 병동은 제주농업학교 부지에 뒀다.

한편 육군은 제1훈련소 직할 의무부 소속으로 제98육군병원(98육병)을 설립했다가 1956년 군산으로 이전했다. 98육병은 야전병원으로 1951년 대정면에 병동 30여 개, 400여 병상 규모로 설치되고 폐쇄 때까지 군 병력 50만여 명의 진료를 맡

---

13. 1952년 해군 제주병원으로 개칭

제98육군병원 진료팀 1954.5.10

는 곳이 된다.

의료진(군의관, 간호장교, 간호여군, 위생병 등)은 열악한 여건에서 격무에 시달렸다. 원장은 대령급이었고 군의관 최대 10여 명, 민간인 간호사 7명을 포함해 의무요원은 40-50명인 상황이었다.[14]

제98육군병원(98육병)에는 육지의 다른 군 병원을 거쳐 온 중증의 병사들이 후송되었기에 사망자도 많았다. 많을 때는 하루 15구의 시신을 병원 옆 '노른곶 화장터'에서 화장했다고 한다. 민간인 진료도 담당하였기에 당시 제주도민과 피란민 진료에서 유일한 3차 의료기관 기능도 수행했다.

의료진과 의료 물자가 부족하던 한국전쟁 당시 제주지역 의료계는 전시 체제의 구호병원과 가설 진료소를 설립하여 운영했다. 도내 젊은 의료인들도 군의관으로 차출되거나 자진 입대하고 일부 의료시설들은 군용으로 압수되었다.

98육병에는 제주 출신 의사 김문숙, 정태무, 타지역 출신 의사 이은복 등이 근무했다.

김문숙(1918-1972)은 대동청년단 활동에 적극 참여하며 부단장을 역임했다. 1953년 군에 입대하여 7년 동안 장기 복무를

---

14. 김정택 「잊혀진 제98육군병원의 충혼비」 『제주일보』 2016.6.14

대정여고에 남은 제98육군병원 건물

마친 후 1960년 제대하여 서귀포에 정착한다.[15]

정태무(1918-1988)[16]는 1949년 8월부터 도립병원 내과 과장으로 근무하다가 1953년 육군 군의관에 소집되었다. 5년 동안 군의관 생활을 마치고 제주 시내에 정태무의원을 개원하였으며 『제주도 현대의학』을 집필한다.

98육병 근무 중 사망한 요원들을 기리는 충혼비가 병원 자

---

15. 정태무 『제주도 현대의학-여명기 50년의 역사』 한일문화사 1987
16. 성산면 출생. 일본을 거쳐 1944년 만주국으로 건너가 의사 시험에 합격. 목릉현 현립병원 외과 과장으로 재임하다 해방되자 귀국. 1946년 2월 미 군정청에서 시행하는 의사 자격시험에 합격

리에 세워졌다. 비에는 '소령 김의헌 하사 윤기만 일병 박희덕 충혼비'라고 씌었다. 소령 김의헌(1928-1955)은 장염으로, 일병 박희덕(1931-1953)은 간염으로 순직했다. 하사 윤기만은 1952년 9월 전사한 것으로 기록되었다.

1948년 3월 조천면 김용철 고문치사 사건 부검에서 진실을 증언하여 경찰을 당혹스럽게 한 장시영은 신변에 위협을 느껴 부산으로 피신해 개원 의사로 활동한다.

장시영이 1950년 여름 해병대에 자원 입대할 무렵 제주의 형 장시현이 6-7월경 경찰에 예비검속되었다가 8월에 정뜨르 비행장에서 총살 암매장된다.

해병 군의 중위가 된 장시영은 주로 제주 청년으로 구성된 해병 3, 4기와 함께 전선에 나갔다. 그는 4·3에서 살아남기 위해, 빨갱이라는 낙인에서 벗어나기 위해 전쟁에 참가했다가 목숨을 잃은 제주 청년을 위해 눈물 흘렸을 것이다. 1955년 대위로 예편한 그는 제주도로 귀향한다.

해병 3, 4기로 전장에 나갔다가 돌아오지 못한 청년들의 혼을 달래기 위해 장시영은 해병혼탑 건립추진위원장을 맡아 제주시 동문로터리에 해병혼탑을 건립한다.[17] 이후에도 제주 출

17. 사설「시대의 '큰 어른' 장시영 회장의 타계」『삼다일보』 2017.3.1

1952년 7월 3일, 군 지프를 타고 제주도를 순시 중인 이승만과 밴플리트(미8군사령관)와 장도영(제1훈련소장)

신 해병들을 물심양면으로 후원하여 1990년 4월 15일 해병대 사령관은 장시영을 명예해병 제1호로 위촉한다.

한국전쟁이 발발하면서 제주에 계엄령이 발령되고 제주에 주둔하던 해병대의 사령관이 제주 계엄사령관을 겸하게 되는데 장시영의 형 장시현이 당시 학살당한 것을 떠올리면 역사의 아이러니다.

1952년 군의 소집령에 따라 강항윤, 김여신, 전명식 등의 의사들도 군에 입대한다.

제주 청년의 군 입대

한국전쟁이 일어나자 제주도에서는 입대 선풍이 일었다. 당시는 병역제도가 생기기 전이라 학생들은 병역 의무를 몰랐다. 군 입대는 당장 안전을 도모하면서 빨갱이 낙인을 피하는 방법이었다. 그러다 보니 마을별로 거의 강제로 입대하는 분위기가 형성되기도 하였다.

해병대 사령부가 제주에 주둔하였기에 해병대 입대가 많았다. 해병대 3기 1,200여 명, 4기 1,400여 명의 대부분이 제주 출신으로 구성된다.

해병대는 1950년 8월 말 3-4기생으로 입대한 제주 청년 3천여 명과 함께 제주를 떠나 인천상륙작전에 투입된다. 이들은 인천 상륙작전과 서울 수복작전의 주역이 된다. '귀신 잡는 해병'이라는 언사도 이 무렵 등장한다. 미국인 종군기자 마거릿 히긴스(1920-1966)가 쓴 기사 중 'They might capture even the devil'이라는 문장이 그 출발이다.

도내에서 학도의용군 지원도 이어진다. 한림수산중학교 교사 학생들 129명, 오현중학교 100여 학생 등이 학도병을 지원하였다. 8월 3일에는 중고생으로 조직된 학도 돌격대가 결성

제주 북국민학교에서 열린 해병4기 입대식

되어 8월 16일 출정식을 가진다.[18]

126명의 여성도 자원하여 입대했다. 해병대 4기로 대부분 교사 또는 여학생이었다. 전장에 투입되지는 않았지만 해군본부와 진해통제부에서 사무, 보급, 간호 등 후방업무를 지원했다.

밀려드는 피난민

1950년 7월 중순부터 피난민들이 제주도로 밀려들기 시작

18. 양정심 「한국전쟁기 제주지역 사회의 변동」 『사림』 제33호 2009

했다. 정부는 1951년 1월 12일의 국무회의에서 피난민 4만 2천 명을 제주도로 집단 이송하는 문제를 검토하기도 했다. 피난민 수는 1951년 1월 3일에 1만 6천여 명이던 것이 1월 15일 8만 7천여 명, 5월 20일에는 15만여 명에 달했다.

전선이 안정되자 일부 피난민은 고향으로 돌아갔지만 1952년 1월 말에도 여전히 피난민 28,460여 명이 남았다. 1955년에야 13,567명으로 크게 줄고 이들 중 일부는 제주에 남아 정착한다.

4·3으로 인해 폐허가 된 제주는 당시 9만여 명의 이재민이 발생한 데다 생업 수단을 잃고 기아선상에 놓여 밀려드는 피난민을 수용하기에는 버거운 상황이었다. 육지에서 온 피난민과 제주 이재민을 구호할 식량 공급 정책은 전무했다.

당시 제주 전체의 주택은 4만 2천 동인데 인구수가 20만 명으로 5만 7천 세대가 잠자리를 구하려 허덕였다. 도민들은 학교와 공회당 등 공공시설과 간이 천막에 피난민들을 수용하고 민가에까지 분산해 받아들이는 등 피난민을 위해 최선을 다했지만 곳곳에서 갈등과 마찰이 발생했다.

외적으로는 구호품을 둘러싼 갈등으로 표출되었지만 제주도민을 빨갱이로 보는 일부 피난민의 인식은 제주도 지방 정치를 장악하려는 시도로 나타났다. 이는 육지 출신 도지사와 지방법원장 임명으로 이어졌고 제주 출신 엘리트들은 배제되었다. 중앙정부가 이 갈등을 조정할 주체로 외지인을 선호했던 것은 제주도민을 불신했거나 혹은 피난민의 영향력 때문이다.[19]

1953년 2월 10일, 소위 '피난민 설화 사건'이 발생했다. 이날 피난민 일부는 관덕정에서 '피난민대회'를 열어 차별대우를 성토하며, 구호곡 일부를 제주도민에게 배급하는 것은 부당하다고 지적하면서, 피난민 전세방 요금 인하 등 8개 항을 요구했다. 피난민 김명수는 피난민 천여 명 앞에서 주장한다.

> "전인홍 도의회 의장이 신문에 발표한 민정 시찰 보고 내용은 사상이 의심되었다. 또한 행정기관은 피난민들에게 여러 가지 차별대우를 한다. 우리를 육지부로 실어다 주거나 그렇지 않으면 제주도에 계엄령을 선포하도록 대통령과 국방부 장관에 건의하자."

4·3 때 육지에서 온 서청과 공권력에 의해 막대한 피해를 입은 도민들은 피난민에 대해 경계심과 반감을 가졌다. 피난민의 주거, 식량, 의료 문제가 초미의 관심사가 되었다. 도립병원은 넘쳐나는 환자로 초만원이었고 의사들은 수용소에 순회

---

19. 양정심 「한국전쟁기 제주지역 사회의 변동」 『사림』 제33호 2009

왕진을 나갔다.

의사 고영은(1922-1986)[20]은 1950-1955년 제주도 경찰국 의무실장으로 봉사하면서 한국전쟁이 나자 정부의 의료구호반 가동 전까지 육지부 피난민 수용소를 찾아다니며 난민 구호와 진료에 진력하였다. 대정에서 광제의원을 운영하던 채창배(1904-1986)는 1950년 무릉국민학교에 수용된 6.25 피난민들을 도맡아 진료했다.

전쟁 발발 전 이미 제주 의료체계가 붕괴되면서 제대로 치료 받지 못하고 고통 받거나 사망하는 사례도 증가한다. 1950년 들어 도내 각지에서 천연두 환자가 발생하기 시작했다. 가파도 12명, 제주읍 화북리 20명, 조천면 2명의 천연두 환자가 발생했다. 도 당국에서는 방역대를 조직하고 적극 활동 중이나 종묘種苗의 전무로 환자 발생이 증가했다.[21]

정부는 피난민을 위해 제주읍에 구호병원 4개소와 진료소 30개소를 설치하고 16개 반 84명에 달하는 의료진으로 의사 16명, 간호원 16명, 조수 52명을 파견했다. 이들이 1년간 진

---

20. 제주읍 출신으로 도립병원에 직원으로 취직. 독학으로 1945년 5월 의사 검정시험에 합격, 해방 후 도립병원 외과의사로 임직. 1947년 12월 오창훈이 운영하는 후생의원으로 옮겨 외과과장을 맡음. 오창훈의 부산 피신으로 1950년 3월 후생의원 운영을 맡음
21. 『한성일보』 1950.1.28

료한 환자 수는 173,695명에 이른다. 전염병 환자 수는 1,451명으로 이 중 71명[22]이 사망한다.[23]

[표 9]는 한국전쟁 기간 중 지역별 전염병 발생 현황이다.[24]

[표 9] 1950-1953년도 각 도별 1종 급성전염병 발생자 및 사망자 수(단위 : 명)

지역	1950		1951*		1952		1953	
	발생 수	사망수	발생 수	사망수	발생 수	사망수	발생 수	사망수
서울	-	-	1,093	106	434	36	147	17
경기도	-	-	64,252	14,786	719	72	323	45
강원도	-	-	44,059	7,684	1,133	103	260	8
충청북도	-	-	49,843	9,123	517	88	198	21
충청남도	-	-	5,433	2,287	1,138	122,	861	100
전라북도	-	-	5,068	567	2,332	334	1,118	129
전라남도	-	-	-	-	1,842	186	1,398	92
경상북도	-	-	3,784	394	873	197	1,256	168
경상남도	-	-	5,498	503	1,195	228	1,396	258
제주도	-	-	1,895	90	44	2	95	11
계	13,116	1,449	180,925	35,540	10,227	1,367	7,052	849

자료 : 국가통계포털 급성전염병 발생 사망환자 수 및 이환율 사망률(서울 및 도별) : Record Group 338; Records of U.S. Army Operational, Tactical, and Support Organizations(World Wr II and Thereafter), 1917-1993, General Correspondence, 1951-1955 [Entry AI 1301]

* 이 표는 '국가통계포털 급성전염병 발생 사망환자 수 및 이환율 사망률(서울 및 도별) 자료'를 기반으로 하였음. 그러나 이 자료에서는 1951년 각 시, 도의 전염병수치가 확인되지 않음. 1951년 각 시, 도 전염병 수치는 국사편찬위원회 전자사료관 미 문서자료를 참조 (Record Group 338; Records of U.S. Army Operational, Tactical, and Support Organizations(World Wr II and Thereafter), 1917-1993, General Correspondence, 1951-1955 [Entry AI 1301]의 Semi-Monthly Reports)

---

22. 장티브스 2명, 발진티브스 60명, 천연두 9명
23. 정태무『제주의 현대의학-여명기 50년의 역사』한일문화사 1987
24. 이창영 「한국전쟁기 급성전염병의 발생과 정부의 대책」 석사학위 논문, 동아대학교 대학원 2018

1950년부터 장티푸스, 콜레라 등 제1종 전염병에 대한 예방접종이 시행되었다. 1954년부터는 「전염병방역법」이 제정되면서 콜레라, 천연두, 디프테리아, 백일해, 장티푸스, 파상풍, 결핵의 7대 전염병 예방접종이 의무가 된다.

1951년 1월 4일 마지막까지 서울대병원을 지키던 의료진들 20여 명이 결국 피난길에 올랐다. 이들을 포함하여 30여 명은 부산의 36육군병원에 합류할 예정이었으나 여건이 안 되어 보건부와 협의 끝에 제주에 구호병원을 설치하기로 하고 제주로 들어온다.

이들은 1951년 1월 한림면에 면사무소 창고를 빌려 제2국민병(대기 병력)을 진료하는 제주도장정구호병원을 개설한다.[25] 당시 진료 과목으로 내과, 소아과, 외과, 피부비뇨기과, 안과, 치과 등 임상 8개 과와 약국, 간호과를 설치했다. 이 구호병원은 모든 진료가 무료여서 많은 환자가 몰렸다. 여기서 7월까지 징집 장병의 신체검사와 주민 진료를 담당하다가 모두 부산으로 철수했다.[26]

서울대병원 말고도 서울위생병원과 적십자병원이 제주로 피

---

25. 원장 윤태권, 간호과장 김정순
26. 제주도의사회 『제주도의사회 60년사 1945-2005』 2006

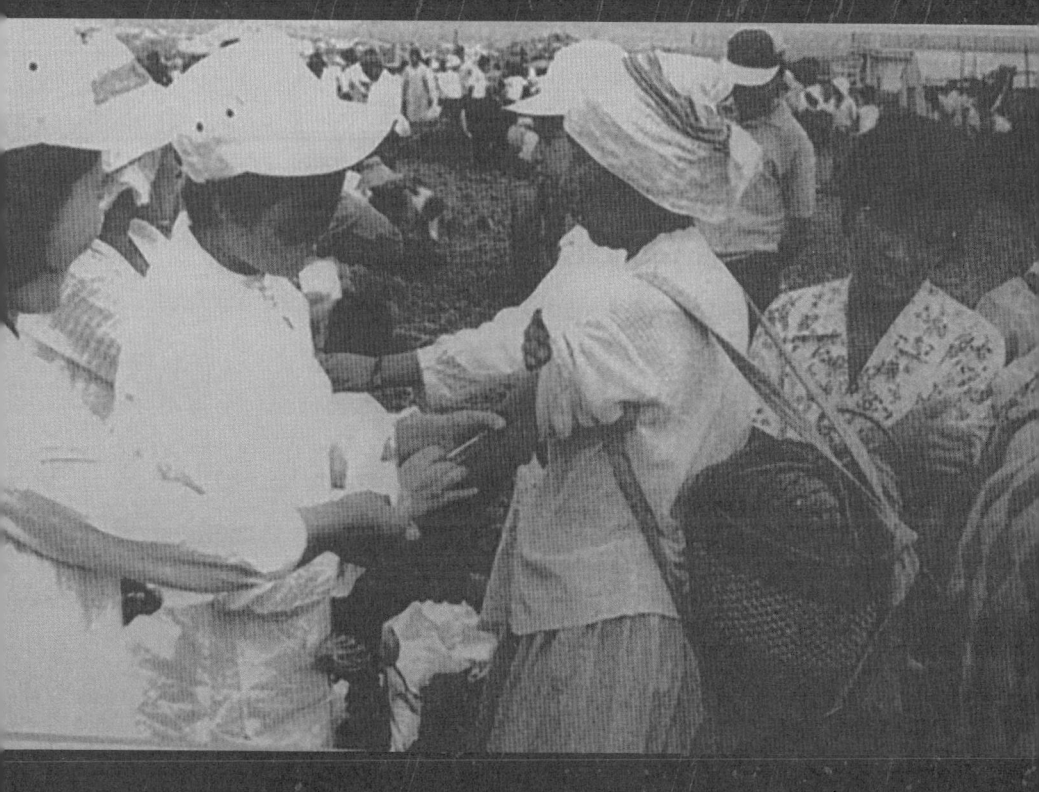

1950년대 예방접종 시행 모습

서울적십자병원 일부가 서귀포로 피난. 여관으로 사용하던 적산가옥을
개조해 개설한 적십자피난병원

난을 왔다. 1951년 2월 5일, 적십자피난병원이 서귀포 정방여관 객실을 개조하여 설립되어 이 지역 피난민 환자들을 진료한다. 1953년 7월 13일까지 수만 명의 피난민을 무료 진료했다.

당시 규모를 보면 1층에 세면장, 수술실, 약국, 산부인과, 외래진료실, 환자 대기실, 사무실 등이 있었고 2층에는 24개 병상과 검사실 등이 있었다. 손금성 박사를 원장으로 하고, 의사 10명, 간호사 16명, 기타 요원 15명 등 52명 의료진이 내과, 외과, 산부인과, 안과, 이비인후과, 소아과 등의 환자를 진료했다.[27]

---

27. 제주도의사회 『제주도의사회 60년사 1945-2005』 2006

서울위생병원은 1951년 1.4 후퇴 때 미군의 상륙작전용 함정인 LST를 타고 제주에 도착했다. 제주에 발을 디딘 지 일주일 만인 1월 26일 성산서초등학교(현재 동남초등학교) 한 교실을 빌려 진료를 시작했다. 직접 오지 못하는 환자를 위해 왕진도 했다. 하루에 100-350여 명의 환자를 무료로 치료하였다.

한라산 금족령의 해제

4·3으로 인한 희생이 커지면서 제주에는 4·3 고아들이 많이 발생했다. 이들을 돌보기 위해 1950년 6월 20일 제주 도두동에 평해보육원이 설립되었다.

한편 전세戰勢가 밀리면서 서울시립아동양육원 소속 고아 1천여 명의 피난이 문제 되었다. 우여곡절 끝에 미 공군 비행기로 제주로 후송하는 일에 수송기 16대가 동원되었다.[28] 전쟁고아 1진이 도착한 것은 1950년 12월 27일 저녁이었다. 제주농업학교에 고아들을 수용하기 위한 시설이 마련되었다. 천막을 설치하고 임시 수용소를 설치했다.

다음 해 2월 8일 당시로는 우리나라 최대의 한국보육원이

---

28. 미 공군의 '고아대피작전Operation of Kiddy Car Airlift'이라 부름

탄생한다. 도민들은 이 보육원이 유엔의 지원으로 설립되었다 해서 '유엔고아원'이라 불렀다. 육지의 다른 14개 작은 고아원 아이들도 제주로 옮겨진다.

제주에는 1951년 4월 제주보육원(설립자 허천만), 1952년 7월 제주모자원(설립자 홍종임), 1953년 송죽보육원(설립자 고수선) 등 도내 보육원 9개소, 모자원 1개소가 순차적으로 설립되고 여기 수용 인원이 1천 4백여 명이 넘었다. 유엔은 제주를 '작은 고아의 섬 Little Orphan Island'이라 불렀다.

제주보육원 초대 원장은 간호사 탁명숙이다. 탁명숙은 세브란스전문 부설 간호원양성소 4년 졸업 후 1919년까지 원산 산제동 구세병원에서 봉직, 3월 1일 남대문 시위에 참여하는 등 항일운동으로 옥고를 치렀다. 제주 출신 남편을 따라 제주로 이주하여 거주 중이었다.

남로당 제주도당 거물이었고 무장대 지도자였던 조몽구는 1951년 11월 부산 508특무대의 김수한[29] 중사에 의해 체포된다. 김수한은 조몽구와 제주시 중앙의원[30]에 기거하면서 조

---

29. 국회의장 역임
30. 김유돈이 1922년 개설했고 김종휘가 유지를 이음

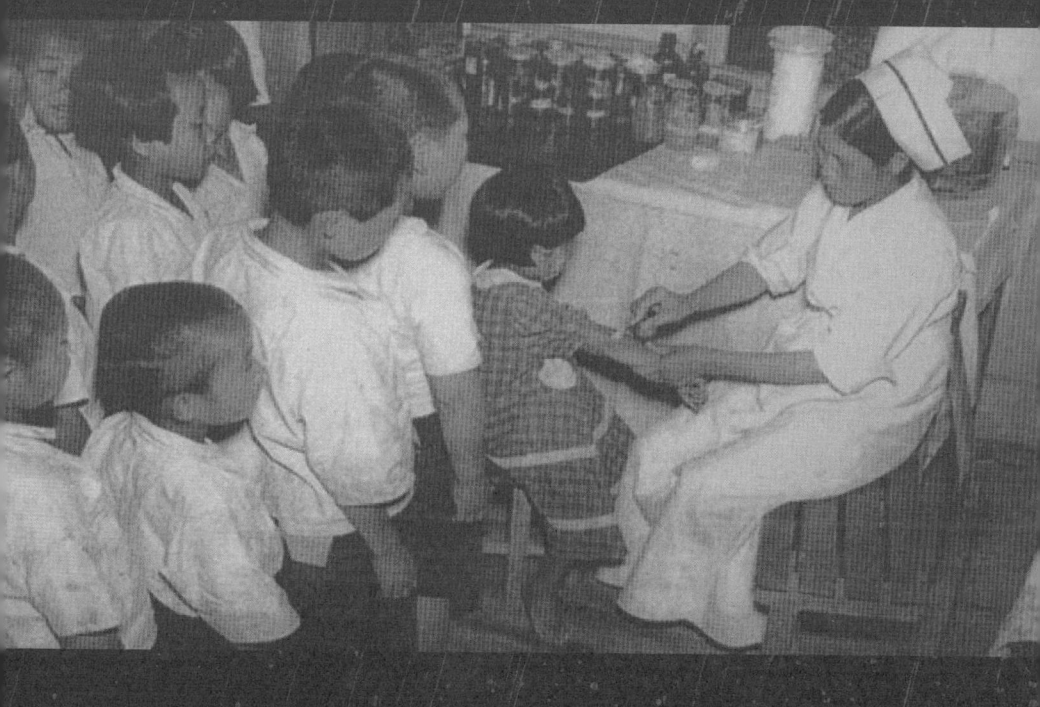

1952년 제주도 고아원의 양호실

몽구를 전향시켜 무장대 문제를 평화적으로 해결하려는 작전을 수행했다. 그 후 조몽구는 진주형무소에서 복역하고서 귀향한다.[31]

무장대는 1952년 6월 1일에 68명이었으나 그간의 토벌 및 귀순공작 등으로 11월 20일 무렵 44명으로 줄어든 것으로 파악된다. 1954년 9월 21일을 기하여 금족령은 해제된다. 한라산을 전면 개방하고 주민들의 성곽 경비도 철폐하는 조치를 취하였다. 1957년 4월 2일 마지막 무장대 오원권을 구좌면 송당리에서 생포하면서 한라산 총성은 멈추게 된다.

---

31. 제주도의사회 『제주도의사회 60년사 1945-2005』 2006

4·3으로 인한 희생이 커지면서 제주에는 4·3 고아들이 많이 발생했다. 한편 한국전쟁에서 전세戰勢가 밀리면서 서울시립아동양육원 소속 고아 1천여 명의 피난이 문제 되었다. 유엔은 제주를 '작은 고아의 섬 Little Orphan Island'이라 불렀다.

6장

끝나지 않은 4·3

육지 형무소에 수감된 제주인들

　제주에는 형무소가 없어 징역을 살려면 육지 형무소로 이송되었는데 수형 인원이 많아 전국 형무소에 분산 수용되었다. 형무소 수용자들은 고문 후유증, 열악한 구금 환경으로 인한 질병 등으로 옥사도 빈번했다. 한국전쟁 발발로 무차별 학살에 희생되기도 하였고 출옥한 일부는 행방불명되었다. 4·3의 또 다른 희생자들이다.

　제주 3·1 사건과 총파업 등으로 1948년 4월 3일 이전까지 재판에 회부된 사람은 총 480명, 징역금고형은 82명이었다. 이들 대부분은 목포형무소에 수감되었다. 목포형무소에는 이후 군법회의에 회부되어 징역형을 선고받은 4·3 관련자들도

목포형무소 옥사 모습

대거 수용되었다.

의사 김O려는 목포형무소에서 옥사한 경우다. 조천리 출신으로 부산에서 의사 생활하다가 부친 사망으로 귀향하는데 4·3으로 발이 묶였다. 1948년 12월 군인에게 끌려간 후 목포형무소에서 복역하다가 1949년 8월경 옥사한다.

1949년 9월 14일 오후 5시경 목포형무소 재소자 500여 명이 집단 탈옥을 감행하는 사건이 발생한다. 당시 목포형무소에는 수용 인원의 3배인 약 1,400여 명이 수용된 상태였다. 제주 4·3과 여순사건 관련자들이 많았다. 탈옥자들은 극소수를 제외하고 대부분 사살되거나 체포되었다. 탈옥 사건 이후 추가로 목포형무소에 수용된 4·3 관련자는 600여 명인데 한국전쟁 직후 학살당했다. 이 중 500명 가까운 사람들의 행방은 아직도 확인 안 된 상태다.

1950년 한국전쟁이 발발하자 정부는 6월 25일 당일 오후 2시 25분 치안국장의 명의로 각 경찰국에 '전국 요시찰인 단속 및 전국 형무소 경비의 건'을 긴급 하달하였다. 재소자 학살 명령이었다. 서울, 인천 등 형무소는 학살 전에 북한군에 점령당해 실행되지 않았으나 수원 이남 전역의 형무소 재소자들은 집단 총살 대상이 되었다.

이는 '형무소 재소자 희생 사건'이라 불리는데 전국 형무소 20여 곳에 수감되었던 최소 2만여 명의 재소자들이 한국전쟁 발발 직후 군경에 의해 학살된다. 제주 4·3 관련자들은 적어도 15개 형무소에 구금되었던 것으로 보이며 일부를 제외하고 한국전쟁 직후 학살을 피하지 못했다.

전쟁 발발 당시 전국 형무소 재소자는 37,335명이었다.[01] 이 중 제주 출신 4·3 관련 재소자는 일반재판 수형인 200여 명과 두 차례 군법회의 대상자 중 만기 출소한 사람을 제외한

---

01. 미 군정기에 남한의 형무소 수용 인원을 1만 6천 명으로 정함. 과밀 수용으로 형무소 수용 환경 열악

2,350여 명으로 추정된다. 대부분 제주로 돌아오지 못하고 행방불명된다.

서울의 서대문, 마포형무소와 인천형무소 수감자들은 북한군이 형무소를 장악함에 따라 출소한다. 이남 지역 형무소의 4·3 수형인들은 좌익세력으로 분류돼 집단 학살을 당했다.[02]

제주 출신 여성 수형인 132명 중 72명이 1949년 여름 전주형무소에서 서대문형무소로 이송되었다. 이들은 3년 이상의 중형을 선고받은 수형인들이었다. 형량이 가벼운 수형인들은 안동형무소로 이감되었다. 서대문형무소에 수감된 이들은 북한군의 형무소 접수 후 출소하게 된다.

이 경우에 간호사 고옥순(고순향, 1930-?)이 속한다. 고옥순은 당시 나이 18세, 제주읍 봉개리 출신으로 제주도립병원 간호사로 일하던 중 1948년 12월 토벌대에 연행되었다. 1948년 12월 13일 징역 5년을 선고받고 복역 중이었다.

출소한 여성 수형인들은 제주로 다시 내려가지 않았을 것으로 보인다. 형을 살다가 중간에 나온 상황이라 제주로 내려갔다가 잡히면 다시 구금되거나 학살을 피하기 어려웠을 것이다. 이들은 8월 18일 중앙여맹이 주도한 '조국통일민주주의전

---

02. 박찬식 「제주 4.3사건 관련 행형 자료와 형무소 재소자」 『탐라문화』 40호 2006

선 중앙위원회 호소문 지지 서명 궐기대회'에 참석하였다고 전해진다.

그리고서 북한으로 가거나 각지로 흩어졌을 것이다.[03] 이 중 한 명인 이인현은 서대문형무소 출옥 후 서울 언니 집에 머물다가 사람들의 밀고로 다시 용산경찰서에 잡혀간 후 1950년 9월 28일 한강 백사장에서 총살당했다고 한다. 서대문과 마포형무소에서 출옥한 재소자 일부도 수원에서 검거된 후 총살당했다.

마포형무소에는 무기징역 또는 징역 20년 형을 받은 수형인들이 수감됐다. 1949년 군법회의에서 사형 언도되었다가 무기로 감형된 46명도 마포형무소에서 복역 중이었다. 이들을 포함하여 재소자 500여 명도 전부 출옥한다.

마포형무소에 수감된 수형인 중 의료계에 근무했던 이들이 4명 확인된다. 이들 모두 1949년 7월 1일 무기징역을 선고받고 복역 중이었다. 이 4인은 병원조수 김기공(21세), 약종상 이완영(1910-1950), 약종상 정인식(1923-), 침술업 부홍현(1920-)[04] 이다. 이완영은 옥사하고 나머지는 한국전쟁 후 출옥했다.

---

03. 박찬식 「제주4·3사건 관련 행형 자료와 형무소 재소자」『탐라문화』 40호 2006
04. 화북리에서 침술업을 하던 중 1949년 봄 토벌대에 연행됨

약종상 이완영은 제주읍 외도리 출신이다. 농사를 지으며 약종상으로 일했고 마을에서 구장을 맡았다. 이완영은 1948년 6월 25일 5·10 선거를 방해한 혐의로 벌금 1만 원을 선고 받은 후 산으로 피신했다. 1949년 2월 14일 외도지서는 이완영과 그 아들이 도피했다는 이유로 이완영의 부모와 부인, 다섯 명의 자녀, 두 명의 동생, 며느리와 생후 10일 손자까지 가족 12명을 모두 학살했다.

죽창으로 찔러 죽인다.[05] 일명 '이완영 일가족 몰살 사건'이다. 이완영은 한 달 뒤 토벌대에 붙잡혀 마포형무소에 수감되었다가 1950년 1월 12일 옥사했다. 그와 함께 도피했다가 붙잡힌 맏아들은 토벌대에 귀순한 뒤 풀려나 외도리에서 생활하다가 전쟁이 발발하자 예비검속된 후 행방불명된다.[06]

인천형무소에는 나이 어린 소년범들이 수용되었다. 1947년 7월 군법회의에 회부된 후 인천에서 수감 중이던 김경종은 한국전쟁으로 출옥한다. 그 후 북한에서 살다가 2003년 이산가족방문단 교환 시 제주의 가족과 상봉한다.

---

05. 이 학살은 외도지서에 근무하던 서청 출신 경찰 이윤도가 주도. 이윤도 주도 학살로 외도리 주민 80여 명이 희생됨
06. 4·19 혁명 직후 국회에 양민학살조사특별위원회가 구성(5월 31일)되자 외도 주민들이 이 사건을 신고함. 『제주신보』는 이 사건을 양민학살 관련 정식 고발 제1호라고 크게 보도

인천형무소에 수감되었다가 열악한 수용 환경과 영양실조, 전염병 등으로 인해 병사하거나 고문 후유증으로 옥사하는 사례가 빈번하게 발생했다. 4·3위원회 신고서를 통해 확인된 인천형무소 옥사자는 61명이다. 이 수치는 전체 제주 출신 재소자 250여 명의 25%에 근접할 정도이다. 많은 이들이 형무소에서 사망한 것이다.

수원형무소에서는 1950년 7월 수감자 1,800여 명이 학살당했다. 당시 미 공군 한국 담당 정보장교 도널드 니콜스가 1981년 출간한 회고록 『사선을 수없이 넘나들며 How Many Times Can I Die?』에 넣은 사항이 알려지면서 드러났다.

회고록은 밝힌다. "내가 생애에서 본 가장 잔인한 1,800명의 대학살이 수원에서 일어났다. 나는 살해된 사람들 모두가 공산주의자는 아니라는 것을 나중에 알게 됐다."

대전형무소에 수감된 제주 출신 298명은 1950년 6-7월 대전 산내 골령골에서 전원 총살된다. 당시 8곳의 암매장 구덩이를 이으면 약 1㎞에 달해 이곳을 '세상에서 가장 긴 무덤'이라 부른다. 여기서만 총살당한 수감자가 제주 출신 포함 최소 1,800여 명에 이른다.[07]

---

07. 골령골에는 학살지가 총 8곳 존재. 산내 골령골에는 전쟁 발발 초기인 1950년 6월에서 이듬해 1

대전 골령골 학살 현장

이O출은 도립병원 수습으로 일하다 1948년 가을경 무장대에 붙잡혀 산으로 오르게 된다. 동굴에서 지내다 1949년 봄 토벌대에 체포된다. 주정공장에 감금되었다가 1949년 7월 4일 군법회의에서 7년 형을 선고받고 대전형무소에서 복역하다가 한국전쟁 발발 후 학살된 것으로 추정된다.

1950년 7월 9일 공주형무소의 재소자들은 후방인 대전으로 이감한다며 트럭에 실려 가다 금강 근처에서 학살당한다. 현장에 참여했던 영국 『픽쳐포스트Picture Post』 기자들이 몇 장의 사진을 찍어 1950년 7월 29일 보도했다.

이 기사는 현장에 유엔 관계자도 함께했었다고 전한다. '왕촌 살구쟁이 학살 사건'이다. 진실화해위 조사를 통해 400-700명 학살 사실이 밝혀졌고 397구의 유해가 수습되었다.

청주형무소에서는 전체 재소자 중 절반이 넘는 약 1,200명을 정치사상범으로 간주한다. 1950년 7월 2-5일 4일 동안 청원군 남일면 쌍수리, 남일면 고은리 분터골, 낭성면 도장골, 그리고 가덕면 공원묘지 등에서 학살을 행한다. 이어서 7월

월까지 대전형무소 수감 민간인이 집단 학살당한 뒤 암매장된 것으로 알려짐. 희생자를 총 7천여 명으로 추정

학살지로 끌려가는 형무소 재소자들. 사진기자 헤이우드 마기 Haywood Magee 촬영, 1950년 7월 『픽쳐포스트 Picture Post』지 게재

6-7일 형무소에 수감 중이던 보도연맹원 400명을 분터골에서 학살한다.

　전주형무소에서는 6월 28일 새벽, 뒤편 공동묘지에 굴을 파서 재소자들을 사살했다. 여기서만 제주 출신 포함 총 1,600여 명이 집단 처형된다.
　4.3 관련 제주 여성들은 처음 전주형무소에 수감되었는데, 무기징역 3명, 징역 7년 21명, 징역 5년 13명, 징역 3년 25명, 징역 1년 22명 등 총 84명이다. 전주형무소에 수감된 여성 수형인들은 수감 한 달 만에 대부분 서대문형무소와 안동형무소로 이송된다.

　광주형무소 재소자는 200명 안팎인데 대부분 한국전쟁 발발 직후 희생된 것으로 추정된다. 조천면 김용철 고문치사 사건 부검에 참여했던 한지의사 안영훈은 광주지방법원에서 재판이 진행되어 1949년 6월 2일, 징역 1년에 집행유예 3년을 선고받고 풀려나와 학살을 피한 것으로 보인다.[08]
　아래는 당시 헌병 사령관 송요찬이 광주 헌병대장 홍순봉에게 보낸 지시문 내용이다. 이른바 학살 명령서였다.

---

08. 박찬식 「제주4·3사건 관련 행형 자료와 형무소 재소자」 『탐라문화』 40호 2006

전주형무소 학살 현장

"광주, 전주, 목포 형무소에 재감중인 죄수 및 보도연맹관계자와 기타 피검자는 전국 관계장, 경찰국장, 형무소장, 검사장과 타협해 즉결 처분하고 절도 및 기타 잡범은 가출옥 등 적당한 방법을 취하며 각 경찰서에 유치 중인 피검자도 전기에 의거하여 처리하라."

4·3 때는 제주도에서 송요찬은 군 책임자로, 홍순봉은 경찰 책임자로 제주도민 학살을 진두지휘한다. 한국전쟁이 터진 뒤엔 각각 헌병사령관과 광주 헌병대장으로 짝을 이뤄 호남 지역의 수형인 학살을 자행한 것이다.[09]

진실화해를위한과거사정리위원회는 1950년 김천경찰서와 김천소년형무소 등에 감금된 민간인들을 약 1,200명으로 추산했다. 한국 특무대와 헌병대는 이들을 그 해 7월 김천 돌고개와 대뱅이재 등에서 학살했다.

대구형무소에서 수감 중이던 제주 출신 수형인 142명도 군과 경찰에 의해 학살당했다. '가창골 학살' '경산 코발트 광산 학살' 등이다. 한강의 소설 『작별하지 않는다』에 나오는 코발트 광산에서는 3천여 명이 학살당했다.

---

09. 김관후 「4·3 진압 경찰, 육군소령 계급장 달다」 『제주의소리』 2015.3.9

한의사 양○원도 대구형무소에 구금된 후 행방불명되었다. 그는 일본에서 귀국하여 노형리 함박이굴 자택에서 한의원을 운영하려던 참에 마을이 소개되면서 해안가에 임시 거처를 마련한다. 1948년 11월 경찰에 연행된 후 12월 7일 군법회의에서 징역 15년 형을 선고받고 목포형무소에서 지내다 대구형무소로 이감되었다.

부산형무소에서는 1950년 7월 26일부터 9월 25일까지 세 차례에 걸쳐 최소 1,500여 명이 학살당했다. 일부는 부산 오륙도 인근 바다에 수장 학살당했다.

대정면 의사 오○옥은 입산하여 무장대 부상자들을 치료하다 내려와 자수했는데 이 일로 군법회의에 회부되어 1949년 7월 2일 징역 15년을 선고받았다. 광주형무소에서 복역하다 부산형무소로 이감되었다. 전쟁 직후 학살은 피했으나 1950년 10월 19일 옥사하였다.

마산형무소에서는 최소 717명이 총살되거나 마산 앞바다에 수장 학살당했다. 진주형무소에서도 최소 1,200여 명이 비슷한 방법으로 희생되었다. 여기도 제주 출신 수형인들이 존재했다.

연좌제

4·3 유족들은 연좌제로 장래가 막혔다. 아무리 똑똑하고 능력이 뛰어나도 가족 중 군경 토벌대에 의해 목숨을 잃은 희생자가 나오면 공직에 나아가기 어려웠다. 육군사관학교에 합격해 훈련을 받다가도 퇴학당하고, 신원조회에 걸리면 어렵게 들어간 공직에서 쫓겨났다. 출국이나 여행도 자유롭지 않았다. 이때 제주도민이 겪은 좌절감과 피해 의식은 당사자가 아니면 진정 가늠이 어렵다.[10]

2000년 8월 제주 4·3도민연대가 행방불명인 유족 1백 명을 대상으로 실시한 설문조사는 연좌제 피해 실태를 보여준다. 조사에서 대상자의 86%가 연좌제로 고통 받았다고 답변한다. 자세한 내용은 [표 10]과 같다.[11]

고문치사 사건 검시 의사였던 장시영은 자신이 겪었던 연좌제에 대해 다음과 같이 증언한다.[12] 증언에 등장하는 형은 의사 장시현으로 1950년 예비검속에 걸려 정뜨르비행장에서 총살 후 암매장됐다.

---

10. 김종민, 하상희, 강남규 『4.3피해자 회복탄력성 연구』 제주연구원 2019
11. 제주4·3 진상규명과 도민명예회복을 위한 도민연대 설문조사, 2000년 8월 13일
12. 제주4·3사건진상규명및희생자명예회복위원회 『제주4·3사건진상조사보고서』 2003

[표 10] 연좌제 피해 사례에 대한 응답

연좌제 피해 대상	피해 사례	비율(%)
본인 56%	공무원 임용 시험	26
	사관학교 등 각종 입학 시험	23
자식 40%	국공기업이나 사기업 취직 또는 승진에서	18
	군, 경찰에서 승진 불이익	16
본인, 자식, 친지 포함 60%	국내외 여행 및 출입국 과정	8
	일상생활 감시	30
	각종 신원 조회	60

"전쟁이 끝나고, 1955년도에 제대를 하고, 1956년도부터 여기서 다시 개업을 했는데, 약 5년을 하니까 5·16이 났어. 5·16 나기 전만 해도 군대도 갔다 왔고 떳떳하게 활동하는데, 의사로서 군대 갔다 온 사람은 나뿐이야. 5·16이 나니까 경찰에서 나보고 출두를 하라고 통지가 나왔어. 이상하다며 가 보니까 '형님과 무슨 관계가 없느냐?'는 거였어.

그 후에 여행을 하게 되었는데, 꼭 경찰에 가서 신고를 하고, 그러다 중앙정보부에 가서 일을 맡고 나가게 되었어. 5·16 나서 그런 것을 받아 가니까 또 반발이 생기더라. 그때 중앙정보부 지부장을 만나서 '내가 뭐 잘못된 것이 있느냐'고 하며, '이것을 철저히 알아봐 달라'고 했어.

그래서 그때부터 중앙정보부 지부장이 대원을 불러서 알아보더니, 우리 형님 관계인데 죽은 원인이 남로당 프락치로 올랐다는 거야. 그러니까 이것은 무법천지 아니야? 이것은 무슨 근거에 따라서 한 것이 아니야. 죽이려고 하면은, 총살시키려고 하면, 뭔가 근거를 확보해야 할 것이 아닌가?

그렇게 하지 못하니까 무조건 말이라도, 얘기라도 똑똑하게 하는 사람들은 다 죽였는데, 거기에 자기네도 근거를 남겨야 하니까, 전부 남로당, 남로당이 된 것이지. 어떻게 해서 (내 형이) 남로당이 되겠느냐. 그래서 내가 중앙정보부 지부장 직권으로 해제시켜 버렸었어."

디아스포라, 재일제주인

해방이 되면서 많은 재일제주인이 귀향한다. 정기 항로는 중단되었다. 제주와 오사카 사이 제주인을 실어 나르던 군대환의 운항도 멈췄다.

제주의 인구가 갑자기 증가하지만 일자리도 먹을거리도 부족해지자 많은 사람이 다시 일본으로 건너가는데 선택 가능한 것이 밀항이었다. 그러다가 4·3이 터지고 학살이 진행되자 이를 피해 일본으로 밀항하는 사례가 더 증가한다. 4·3 이후에도 밀항은 왕래가 자유로워진 1988년까지 이어진다.

일본 경찰은 1949년 한 해 동안 일본에 도착한 밀항자 수를 검거자 6,630명, 미검거자 2,807명으로 파악했고 밀항선은

520척으로 집계했다. 그러나 알려지지 않은 수를 포함하면 훨씬 많을 것으로 추정된다. 4·3 시기 제주 사람들은 죽음과 박해를 피해 적게는 5천 명 이상, 많게는 1만 명 가까이 일본으로 밀항한 것으로 추정한다.

밀항하다가 숨지기도 하고 사기를 당하기도 했다. 밀항하다가 일본에서 잡히면 나가사키 현 오무라 시에 설치된 오무라수용소[13]에 구금되었다가 일정 인원이 모이면 한국으로 송환되었다. 밀항에 성공해도 불법 입국자이므로 언제든지 신분이 밝혀지면 송환되기 일쑤였다. 외국인 신분으로 '등록'이 되기까지는 험난했다.

오무라수용소의 삶은 열악했다. 식사가 제대로 제공되지 않고 환경도 불결했다. 전염병으로 수용자들이 사망하기도 했다. 수용소에 수감되었다가 송환되면 어떤 처벌이 기다릴지 몰라 불안에 떨어야 했다. 특히 4·3 관련자들은 송환 후 학살에 대한 공포를 떨치지 못했다.

---

13. 이전에는 하리오입국자수용소에 구금되었으나 한국전쟁으로 밀항자가 늘면서 1950년 12월 오무라수용소를 설치. 오무라수용소 자체 기록을 보면 1950년 12월부터 1970년 9월까지 한국으로 송환된 사람이 16,400여 명. 1955년까지는 매년 2천 명 넘는 인원이 송환됨. 이 중 상당수가 제주인 (신재경『재일제주인 그들은 누구인가』보고사 2014)

1956년 오무라수용소 내부 모습

밀항에 성공해 정착을 해도 온갖 차별을 겪고 일본인보다 턱없이 적은 임금으로 고된 노동을 감수해야 했다. 밀항자들은 재일동포들 사이에서도 이질적인 존재로 구분되었다. '밀항둥이' 또는 '잠수함부대'로 불렸다. 올림픽 이후 여행자유화가 실행되면서 일본에 정착한 이들은 '비행기부대'라 불렸다. 밀항자들은 '잘 보이지 않는 존재'였다.

[표 11] 재일제주인 인구 변동[14]

연도	재일동포	재일제주인	재일제주인 비율(%)
1911	1,403	50	
1938	799,878	45,950	5.75
1944		제주도 인구 219,548	
1945	2,260,000	100,000여 명	5
1947		제주도 인구 275,889	
1950		제주도 인구 254,646	
1964	578,572	86,490	14.9
1974	635,806	101,378	15.9
1991	687,940	117,513	17.1
2021	426,938	74,279	17.4

일본으로 밀항한 제주인들은 오사카, 도쿄, 고베 등에 흩어져 살았지만 가장 많이 모여 산 곳이 오사카였다. 특히 이카이노는 주민 대다수가 제주 출신이었다. 이카이노라는 명칭은 1970년대 사라지지만 마을은 남는다. 조선 시장은 코리아

14. 강창일 『제주4·3과 재일제주인』에서 인용

타운으로 이름을 바꾸게 되고 한류 영향으로 지금은 일본인도 많이 찾는 명소다.

이카이노는 제주 출신 제주인들의 애환이 담긴 곳이다. 워낙 제주인이 많다 보니 이들은 동네별로 어울리고 모임도 하면서 결속을 다졌다. 어떤 제주 마을은, 일본으로 떠난 제주인 숫자가 제주에 남은 수보다 더 많다고 한다. 제주에 180여 개 마을이 있는데 이카이노에는 100여 개 이상의 제주 마을별 친목회가 존재한단다.

온갖 차별에 시달리는 재일동포들은 일본에서 밥 먹고 살려면 야쿠자를 하든지 의사를 해야 한다고 말한다. 국적과 무관한 직업이기 때문이다. 성장기에 차별받고 따돌림 당하다가 야쿠자 세계로 들어가기도 한다. 의사는 차별받지 않고 존경까지 받는 직종이어서 재일동포의 지원이 많았다. 일본에서 매년 8천여 명의 의사가 배출되는데 200-300명 정도가 재일동포라고 한다.[15]

4·3 시기 의료인들도 신변의 위협을 느껴 일본으로 밀항한다. 제주에서 산파로 일하면서 제주도부녀회장을 맡고 적십자 활동도 했던 한려택, 해방 전 항일운동을 하다 구금되었던 약

---

15. 신재경 『재일제주인 그들은 누구인가』 보고사 2014

제사 이경선 등도 밀항했다.

한려택은 농업학교 천막수용소에 구금되었다가 석방 후 1949년 밀항으로 오사카에 정착한다. 주로 재일동포들을 상대로 계속 산파 일을 했다. 일본에서 출생한 제주인 2세들이 출생 등록을 못하는 경우가 많았는데 산파 자격 가진 이가 해산시켰다는 증명을 해 주면 등록이 가능했다. 한려택은 조산소를 개원하지 않고 주로 출장을 다녔다. 민족적 자긍심이 강해 항상 치마저고리를 입고 다녔다고 한다. 1975년 다시 제주로 귀향한다.

약제사인 이경선은 제주에서 약사로 활동을 하지는 않았지만 4·3 당시 체포되었다가 풀려난 후 일본으로 피신했다.

4·3과 무관하지만 제주 출신으로 이미 일본에 정착한 김만유는 1953년 도쿄 동북부에 위치한 아다치 구足立區 니시아라이병원西新井病院 원장을 맡았다. 아다치 구는 가난한 동네로 재일동포가 많이 거주하는 의료 소외지역이었다. 당시 결핵 환자가 많아 의료 대책이 시급했다. 지역의 유지인 신용조합 이사장 등 29명이 니시아라이병원 건설협찬회를 조직하여 병원 설립을 추진한다.

병원은 설립 이래로 '조일朝日 친선, 민주적 의료센터, 사회복지' 3대 방침을 정하고 계속 이어왔다. 이제 개원 70년이 넘

평양의 김만유병원

어간다. 김만유는 북한과 의료협력을 추진하여 1986년 4월, 평양 대동강변 약 3만 1천여 평 부지에 지하 2층, 지상 16층, 1,300병상의 병원을 설립했다. 당시 동양에서 가장 큰 규모의 병원이었다. 김만유병원이라 이름 짓고 김만유는 명예원장으로 취임했다.

김만유는 고향 제주도에도 병원을 세우기 원했다. 가난한 사람들을 무료로 치료하는 자선병원을 세우려 했으나 전두환을 시작으로 노태우, 김영삼 정부에 이르기까지 허가하지 않아 결국 포기했다고 한다.[16] 김만유의 자녀 10남매도 모두 의사로 활동 중이다. 그의 이력 때문이었는지 제주에 살던 형제와 조카들이 간첩으로 조작되어 고초를 겪는다.

재일제주인들의 고향 지원

재일제주인들은 마을별로 친목회를 구성할 정도로 결속력이 컸다. 이들은 어려운 환경에서도 4·3으로 초토화된 고향 마을을 살리기 위해 지대한 관심을 갖고 지원한다. 재일제주인들이 기부한 물품 가운데 최고의 선물은 감귤 묘목이었다. 1968년부터 1975년까지 388만여 그루가 제주도에 들어왔고, 이는 제주 발전의 원동력이 된다. 실제 제주도가 1960년대부터 2000년까지 집계한 재일제주인의 기증 실적은 9,533건, 452억 6,700만 원에 달한다.

도내 대부분의 마을회관 앞에는 이들의 자선활동을 기리는 기념비들이 세워진다. 전기, 상하수도 가설, 도로 포장, 마을회관 건립 등에 기부한 재일동포를 기념하기 위해 각 마을에

---

16. 김찬우 「온갖 연결고리, 독재정권 입맛 따라 만들어진 '고정간첩'」 『제주의소리』 2023.4.6

서 세운 비석과 동상 등의 기념물이 800여 기에 이른다.[17]

조작 간첩 사건, 끝나지 않은 비극

일찍 오사카 등에 정착한 재일제주인들은 열악한 공장에서 일하면서 노동운동에 눈을 뜨고 항일운동에도 참여했다. 해방 후에는 재일동포 지위 향상 운동에 관여하면서 친북 성향의 조총련에서 활동하는 교포도 많았다. 이들을 제주로부터 더 멀어지게 만든 것이 끔찍한 4·3 트라우마였다.

재일동포들과 제주에 남은 다른 가족이나 친척들 사이 왕래는 빈번했는데 일본에 다녀온 제주인들은 공안 기관의 감시 대상에 오르기 일쑤였다. 이런 특수 상황이 간첩단 사건을 조작하는 배경이 된다. 조작 간첩 사건에서 제주도민들이 유독 많은 이유다.

2006년 천주교 인권위원회 자료에 따르면 국내 간첩 조작 사건 109건 가운데 37건(34%)이 제주지역에서 발생한 것으로 나온다. 제주 출신 피해자 39명 가운데 35명은 재심에서 무죄

---

17. 허호준 「제주 감귤묘목 388만 그루, 100년 역사 재일제주인 선물이었다」 『한겨레』 2024.4.3

를 선고받았고, 4명은 재심 재판 중인 것으로 알려졌다.[18]

2022년 제주도에서 처음으로 군사정권 시기 간첩 조작 사건 실태 조사를 했다. 1965년부터 1986년 사이 20건의 간첩 조작 사건에 연루된 피해자 53명을 공식 확인했다. 2023년 2차 조사까지 하면 24건 60명에 이른다. 전부 재심에서 무죄를 선고받고 명예를 회복한 피해자들이다. 이외에 아직 명예를 회복하지 못하고 재판 중인 피해자들도 존재한다.

이들 대부분 일본과 관련하여 간첩으로 조작된다. 조사에 따르면 일본에서 살다 온 사람뿐만 아니라 일본에서 공부하거나 일본 여행을 다녀온 사람들까지 간첩으로 몰려 모진 고문 끝에 간첩으로 조작된다.

대표적인 사례가 1965년 '민주민족혁명당 간첩 조작 사건'이다. 이 사건으로 검거된 8명이 제주 출신이었다. 이 8명 가운데 고택수(1931-)[19]는 일본에서 공부하고 의학박사 학위를 받은 의사다.

고택수는 귀향하여 1964년 7월 제주 시내에 개원해 명망을 쌓아갔다. 이듬해인 1965년 늦봄, 진료 중 느닷없이 들이닥친

---

18. 허호준 「제주도, 간첩 조작 사건 피해자 실태 조사 착수」 『한겨레』 2022.1.24
19. 1956년 서울대 의대를 졸업하고 약 2년간 외과 수련을 마친 후 1959년 일본으로 건너가 1964년 일본 교토대학에서 의학박사 학위 취득. 귀향 후 제주시에 고택수의원을 개원해 활동

중앙정보부 요원에게 영문도 모른 채 연행됐다. 그가 일본에서 귀국할 무렵 재일동포 오용범의 부탁을 받았었다. 동생 오용수에게 학비를 전해 달라고 일화 3만 엔을 맡긴 것이다.

고택수는 오용범이 고향 사람이고 막노동자라는 것 외에 아무것도 몰랐다. 오용범은 조총련계 교포였고 동생 오용수는 조총련계 돈을 받았으니 반공법 위반, 간첩죄라는 것이 공안 당국 판단이었다. 고택수는 공범으로 몰렸으나 그 해 말 무죄 판결로 풀려난다.

고택수와 함께 사건에 연루된 사람들은 대부분 한림읍 명월리 사람들로 1964년 도쿄올림픽을 구경하고 온 사람들이다. 공안 당국의 주장은 일행 중 한 명인 오진영이 일본에서 만난 친척이 조총련 관계자이고 이 사람한테 받은 용돈이 공작금이라는 것이다.

1967년 10월 28일, 공안 당국은 전남과 제주에서 암약하던 고정간첩을 일망타진했다고 발표한다. 앞서 얘기한 니시아라이병원 김만유가 간첩 조작 사건에 등장한다. 김만유의 조카들인 김병두, 김봉두 등은 일본으로 건너가 김만유가 운영하는 니시아라이병원에서 청소나 관리 업무를 하며 병원 운영에 관한 일을 배운다.

이들은 귀국 후에 광제의원을 차려 의사를 고용하여 운영한

제주도의사회의 결핵퇴치 캠페인에 따라 고택수의원 앞에 세운 '결핵 무료상담' 입간판, 1968년

다. 김만유의 형인 김경유는 일본에 가보지도 않았는데 같이 간첩으로 조작된다. 이들과는 완전 무관한 전남 지역 거주민들까지 전부 7명이 한 데 엮이어 사건 규모가 컸다.

제주 출신 재일교포 2세에게도 이런 비극이 이어졌다. '서울의대 간첩단 사건'의 강종헌이 대표적이다. 강종헌의 아버지는 1943년 무렵 제주에서 일본으로 건너갔다. 강종헌은 재일교포 2세로 의사가 되려고 1972년 서울의대에 입학한다. 1975년 당시 본과 2학년인 강종헌은 11월 어느 날 보안사로 끌려간다.

50여 일 동안 보안사에서 온갖 고문을 당하면서 간첩으로 조작된다. 강종헌은 서울의대 재학생 10여 명과 함께 '서울의대 간첩단 사건'으로 구속된다. 이 중 강종헌이 가장 핵심 인물로 사형을 선고받는다.

1988년 가석방으로 출옥할 때까지 강종헌은 13년을 복역한다. 그리고 1977년 사형 확정 판결 후 38년 만인 1915년 대법원에서 강종헌은 무죄 확정 판결을 받는다.

북으로 간 제주인들

해방 이후 연고도 없는 북한 지역으로 간 제주인이 많았다. 이유나 경로는 다양했다. 대표적인 것이 4·3 기간 불법적인 군법회의에서 징역형을 언도받고 육지 형무소에서 형을 살다가 한국전쟁으로 출옥하여 북으로 가게 된 경우다.

형무소에 구금된 제주인들은 전쟁 발발과 더불어 한국 정부에 의해 집단 학살당한 경우가 대부분이다. 하지만 서울, 인천 형무소 수용자들은 미처 학살이 이루어지기 전에 북한군이 점

령하면서 살아남는다. 이들은 인민군으로 동원되거나 흩어지는데 귀향 시 다시 체포될 것을 염려해 북으로 가기도 했다.

일본으로 밀항하다가 걸리면 우선 오무라수용소에 구금되었다가 일정한 인원이 모이면 한국으로 보내지곤 했다. 이 경우, 제주로 송환되면 위험해지겠다고 판단하여 송환자 자의로 북한으로 가기도 했다.

일본에서는 1959년부터 재일동포 북송사업이 시작된다. 1984년까지 25년에 걸쳐 93,339명이 북한으로 갔다. 이들 중에는 1,830명의 일본인 아내와 6,730명의 일본 국적자도 포함됐다. 조총련이 추진한 북송사업은 일본 정부와 이해관계가 맞아떨어졌다.

제주 출신 재일동포도 많은 수가 북한으로 향했다. 이들에게 귀국은 귀향이 아니었다. 4·3은 고향을 등지게 만든 가장 큰 이유였다. 앞서 언급한 이경선은 일본에서 약제사로 활동하다가 이 시기에 북한으로 갔다.

북한으로 간 제주인들의 삶도 녹록치 않았다. 2012년 일본 다큐멘터리 영화인 「가족의 나라かぞくのくに」는 제주 출신 아버지를 둔 재일동포 2세 양영희[20] 감독의 작품이다. 1970년대

---

20. 북한의 모습을 촬영한 「디어 평양」이라는 영화로 북한 입국 금지 처분을 받음. 양영희의 아버지는 죽은 후 평양에 묻힘

초반 북한으로 간 오빠들을 동생 양영희 감독이 북한을 방문하여 만난 이야기가 담겼다.

북한에서 제주인들은 서로 연락하면서 지낸 것으로 보인다. 연고지나 친지를 달리 찾기 어려우니 죽은 후에 제주인들만 따로 모이는 묘역이 조성됐다고도 한다.

납치되어 북으로 간 경우도 보인다. 6.25전쟁납북인사가족협의회는 한국전쟁 중 납북자 94,700여 명의 정보를 공개하였다.[21] 이 중에는 제주 출신 인사 16명이 포함되었다.

의료인으로는 간호사 하정(당시 24세, 서울 서대문구 거주) 한 명이 포함되었다. 북한은 전쟁 끝날 무렵 철수하면서 의사, 간호사 등 전문가들을 데려갔는데 이에 포함된 것으로 보인다.[22]

---

21. korwarabductees.org
22. 고동수「6.25전쟁 당시 납북자 제주 출신 등 16명 확인」『제주일보』2022.8.22

전국 형무소 20여 곳에 수감되었던 최소 2만여 명의 재소자들이 한국전쟁 발발 직후 군경에 의해 학살된다. 제주 4·3 관련자들은 적어도 15개 형무소에 구금되었던 것으로 보이며 일부를 제외하고 한국전쟁 직후 학살을 피하지 못했다.

7장

치유와
회복을 위한
여정

기나긴 침묵

1954년 한라산 통행금지령이 해제되었다. 4·19혁명으로 이승만 독재정권이 무너진 직후인 1960년 5월 23일, 국회는 한국전쟁 당시 거창, 함양 등지의 양민학살 사건에 관한 조사단 구성을 결의한다. 제주도민 사이에서도 4·3 규명을 요구하는 여론이 들끓었다.

제주대학생 7인은 '4·3사건 진상규명동지회'를 결성해 자체 조사 활동에 나섰고, 모슬포에서는 진상 조사를 촉구하는 궐기대회가 열렸다. 이에 국회 양민학살사건 진상조사 특위는 조사 대상에 제주 포함을 승인하고 6월 6일 조사반이 제주도

를 방문했다.[01]

1960년 6월 21일 재경 제주학우회는 국회 앞에서 4·3 진상규명을 촉구하는 시위를 벌였다. 서울과 제주도의 대학생을 망라하는 '제주도민 학살사건 진상규명 대책위'가 조직되는 등 열기가 더해졌다.

그러나 1961년 5·16 군사 쿠데타로 진상규명 운동은 중단된다. 쿠데타 발생 다음 날 진상규명동지회원들이 검거돼 고초를 겪는다. 대정지역에서 진상규명에 앞장섰던 몇 사람도 군 입대 중 체포돼 곤욕을 치른다. 4·19 직후 유족들이 세운 위령비도 파괴된다. 9연대장으로 초토화 작전의 주역이었던 송요찬은 군사정권의 내각 수반이 되어 제주를 방문, '4·3 상처 치유' 언사를 남긴다.

기나긴 침묵의 시간이 이어지게 된다. 어떤 참혹한 일이 벌어졌는지 사람들은 알지 못했다. 1978년에야 현기영의 소설 『순이삼촌』으로 4·3의 상처가 드러나기 시작한다. 현기영 작가는 이 소설로 고초를 겪어야 했다.

---

01. 조사반장 최천 의원은 4·3 당시 제주경찰감찰청장으로 재직한 토벌대 주역인 데다 태도마저 강압적이었음

시작되는 4·3 이야기

4·3 서사가 본격적으로 회자되기 시작한 것은 1987년 민주화 항쟁 이후였다. 문학작품들이 4·3을 알리는 데 큰 역할을 한다. 재일동포 작가 김석범의 소설집 『화산도』와 『까마귀의 죽음』, 이산하 시인의 4·3 서사시 「한라산」이 발표되었다.

2023년에는 현기영의 장편소설 『제주도우다』가 발표되고, 2024년 한강은 제주 4·3을 그린 작품 『작별하지 않는다』 등으로 노벨문학상을 수상한다.

본격적인 연구가 이루어지고 자료집, 증언 채록집들도 출판되었다. 『제주신문』 4·3특별취재반(반장 양조훈)이 1년 동안의 준비 끝에 기획물 「4·3의 증언」을 신문에 연재하기 시작했다.

하지만 1989년 말부터 언론민주화운동을 벌이던 기자들이 1990년 1월 집단 해고를 당한 '제주신문 사태'로 인해 4·3특별취재반의 기획물 「4·3의 증언」 연재는 중단된다.

이런 가운데 『제주신문』 해직기자들이 중심이 되어 새로 창간한 『제민일보』는 특별취재반을 재가동, 1990년 6월부터 기획물 「4·3은 말한다」 연재를 시작한다.

1992년 제14대 대선 때 민주당 김대중 후보는 제주지역에서 열린 유세에서 '4·3진상규명과 도민 명예회복을 위해 4·3

특별법을 제정하겠다'고 공약한다.

1994년 첫 합동위령제가 열린다. 1995년 5월 제주도의회 4·3특위가 그동안 조사 결과를 바탕으로 『4·3 피해조사 1차 보고서』를 발간한다.[02] 1999년 12월 16일 마침내 「4·3특별법」이 여야 합의로 국회를 통과한다.

2000년 8월 28일 4·3특별법에 따른 '제주4·3사건 진상규명 및 희생자 명예회복위원회'가 구성된다. 2001년 1월 17일 진상조사보고서작성기획단(단장 박원순)이 발족해 본격적인 진상규명에 나선다. 『제주4·3사건자료집』은 11권까지 이어진다.

2003년 10월 15일 『제주 4·3사건진상조사보고서』가 최종 확정된다. 이어서 노무현 대통령은 보고서 채택 보름 만인 10월 31일 제주도에 직접 내려와 과거 국가권력의 잘못에 대해 유족과 제주도민에게 사과한다.

2008년 3월 28일 '제주4·3평화기념관'이 개관하고, 2014년 '4.3 희생자 추념일'이 국가기념일로 지정되었다. 2018년 4월 3일 문재인 대통령은 4·3추모제에 참석해 노무현 대통령에 이어 두 번째로 제주도민에게 사과한다.

---

02. 희생자 명단 14,125명을 일일이 기록한 이 책자 명단 속에는 10살 미만 어린이가 610명, 61세 이상 노인이 638명 수록되어 충격을 더함

2025년 4월 10일 〈제주 4·3아카이브〉[03]가 세계기록유산으로 등재된다.[04]

4·3 기간 위법한 군법회의 피해자에 대한 재심도 이루어져 무죄 판결이 이어진다. 4·3 희생자들에 대한 보상도 진행 중이다. 멸문지화당해 대리자조차 전무한 희생자들, 유족이 일본 등 국외에 거주하는 경우, 확인되지 않은 희생자 등 아직 정리되지 않은 부분도 많다.

4·3 희생자 유해 발굴 사업도 계속 진행 중이다.

생존 희생자의 트라우마 치유

제주도는 2015년 제주도 광역정신건강증진센터에 의뢰해 도내 4·3 생존 희생자 110명과 유가족 1,011명을 대상으로 정신건강실태조사를 진행하였다,

오랜 시간이 흐른 상황임에도 조사는 심한 트라우마 후유증 소견을 보였다. 외상후 스트레스 장애PTSD 증상 검사 결과, 생존 희생자 중 39.1%는 심각한 외상후 스트레스 장애 증상

---

03. Revealing Truth: Jeju 4.3 Archive
04. 구체적으로는 문서 1만3천976건, 도서 19건, 엽서 25건, 소책자 20건, 비문 1건, 비디오 538건, 오디오 94건

을 호소하는 고위험군이었다.

일반 상태의 안정군은 2.7%에 불과했다. 경도 위험군은 16.4%, 중등도 위험군은 41.8%였다. 고위험군을 포함하면 위험군 분류 대상만 97.3%에 이른다. 유족의 경우 중등도 위험군 이상이 52.0%로 절반을 넘는다.[05]

트라우마는 평생 계속된다. 그동안 방치되었던 생존자에 대한 치유 사업도 시작되어 2020년 5월 '4·3트라우마센터'가 개소한다. 4·3 생존 희생자와 유족들의 숙원인 제주 4·3국립트라우마치유센터 건립 마무리가 필요한 상황이다.

4·3 기간 아동학살도 무차별적으로 이루어졌다. 1948년 11월부터 1949년 2월까지 초토화 기간에 아동학살도 집중되었다.

[표 12] 4·3 희생자 연령별 구분

| 연령 | 계 | 유아아동 | 10대 | | 20대 | 30대 | 40대 | 50대 | 60대 | 70대 이상 | 미상 |
			10-15	16-19							
인원(명)	14,442	688	399	1,504	5,916	2,466	1,419	1,023	614	388	25
비율(%)	100	4.8	2.8	10.4	41	17	9.8	7.1	4.2	2.7	0.2

---

05. 김정호 「'그날'의 악몽 68년째…떨치지 못한 제주4·3 트라우마」 『제주의소리』 2016.3.28

허영선은 논문에서 아동학살을 목격한 주변인들이 인식하는 기억에 표출된 학살 유형을 8가지로 나눈다.[06]

피신 중 학살당한 '피신학살', 집단학살 터에서 학살된 '집단학살', 가옥 소개 때 불에 타 숨진 '소개학살', 피신했다 굶주려 죽은 '기아학살', 시신을 못 찾거나 사라진 경우의 '행방불명', 수감 중에 사망한 '수감사망', 임산부의 태아학살의 경우인 '태아학살', 도피자 가족으로 지목돼 학살된 '도피자 가족학살', 이렇게 8가지 학살이다.

가장 빈번하게 이루어진 건 집단학살이었다. 아동이 경찰에 잡혀 육지 형무소로 이송되었다가 행발불명되기도 했다. 너무 어려서 부모 중 한 명과 함께 형무소로 보내진 경우도 보인다.

부모와 일가친척이 다 학살당해 4·3 고아로 남겨진 경우도 많다. 학살 현장에서 살아남거나 가족 일부의 희생을 경험한 후 평생 신체적, 정신적 4·3 트라우마로 고통 받기도 한다.

---

06. 허영선 「제주4·3 시기 아동학살 연구-생존자들의 구술을 중심으로」 석사학위 논문, 제주대학교 대학원 한국학협동과정, 2006

희생된 아이의 시신을 보며 오열하는 어머니

기억해야 할 가해자

 4·3 트라우마 치유를 위해서는 4·3 가해자를 정확히 밝히고 엄벌에 처하는 것이 필요하다. 시간이 지나 물리적 처벌이 어렵더라도 죄과를 명백하게 해야 한다. 피해자에 대한 기록만큼이나 가해자에 대한 기록들도 중요하다. 역사의 법정에 세우기 위해 필요하고 기억하기 위해서 필요하다.

 2017년 2월 '반헌법행위자 열전 편찬위원회'가 국가공권력에 의한 민간인 학살 반헌법 행위자 405명의 명단 중 4·3 학살 가해자 9명을 발표하였다.

 9명은 이승만(대통령), 조병옥(미군정 경무부장), 채병덕(국방부 참모총장), 송요찬(9연대장), 함병선(2연대장), 홍순봉(제주경찰청장), 탁성록(9연대 정보참모), 문봉제(서북청년단 중앙위원장), 김재능(서북청년단 제주지부장)이다.

 학살은 가해자에게 전리품이었다. 제주에서의 혁혁한 전과를 바탕으로 이들은 승승장구했다. 9명이 전부가 아니다. 이 외에도 가해자는 허다하다. '악의 평범성'을 이야기한다 해도, 죄악을 감추기 위한 허울 좋은 수사로 악용되는 것은 경계해야 마땅하다.

 미국의 책임도 명확히 해야 한다. 미국 정부가 공개적으로 사과하고 이에 대해 합당하게 책임지는 것이 4·3 진실 규명 마무리의 중요한 고비 중 하나다.

제주 4·3과 의료계

4·3에 대한 의료계의 관심은 미미하다. 제주지역 의료계로서는 제주 의료 역사 정리를 위해 4·3 정리가 피하면 안 될 부분이므로 당연히 고민을 담아낸다. 4·3의 공론화에 따라서 최신의 흐름들을 따라가는 경향을 보인다. 그러나 전국 단위 의료계에서는 4·3에 대한 관심이 저조하다.

4·3 시기 제주에서 의사로 활동했던 의사 정태무가 집필하여 1987년 출간한 『제주의 현대의학』[07]은 제주에서 활동했던 의사들에 대해 개인별로 상세히 서술한다. 4·3에 대한 이야기를 비켜가지는 못하나 두루뭉수리하게 언급한다. 출판 시기가 1987년이니 아직 군사 독재 시기여서 4·3에 대해 자유롭게 얘기할 상황이 아니기도 하고 제대로 정리하지 못한 부분도 있겠다.

---

07. 정태무『제주의 현대의학-여명기 50년의 역사』한일문화사 1987

제주도의사회가 『제주도의사회 60년사』[08]를 펴낸 것은 민주화되어 사회 분위기가 자유로워지면서 4·3이 공론화된 이후다. 그동안 4·3 관련 증언과 기록들이 많이 정리되어 이 책에는 4·3에 대한 내용도 상세하게 언급하였다. 하지만 공백으로 남겨진 부분들이 많다.

의사와 관련한 부분은 다른 자료들에서도 참고할 부분들이 찾아진다. 의사 이외 다른 직역인 간호사, 약제사, 약종상 등이 4·3 과정 속에 어떻게 대응했고 어떻게 희생되었는지에 대한 기록을 좀체 찾기 어려웠다. 과제로 남기기로 한다.

제주지역 의료계를 벗어나 전체 의료계에서 4·3에 관한 논의는 드물지만 계속 이어져 왔다. 서울대 의대 황상익 교수가 『제주 4·3 연구』[09]에 「의학사적 측면에서 본 4·3」 글을 기고하였다.

1997년부터 제주 4·3의 전국화를 위한 논의가 진행되는데 그 결과 4월 1일 '제주 4·3 제50주년 기념사업추진범국민위원회' 결성식이 열렸다. 자문위원으로 장임원 중앙대 의대 교수, 운영위원으로 황상익 서울대 의대 교수가 참여했다.

---

08. 제주도의사회『제주도의사회 60년사 1945-2005』2006
09. 역사문제연구소『제주4·3 연구』역사비평사 1999

인권의학연구소[10]는 4·3에 대해 꾸준히 관심을 기울였다. 사무국장 임채도는 「4·3 피해자의 정신적 외상 치유 방안」[11] 「제주 4·3 트라우마 치유센터 건립의 필요성」[12] 「공권력 피해자 권리구제 방안」[13] 등에 대해 발표했다.

이화영 연구소장은 『제주 4·3 모델을 통한 통합치유 패러다임의 구축-제주 4·3 사건의 사회적 치유』[14] 『제주 4·3의 통합치유 패러다임 구축을 위한 정책자문』[15]에 공동으로 참여하고, 「인권적 관점에서 본 제주 4·3 치유」[16] 「국가폭력과 트라우마_고문 피해자의 삶과 트라우마」[17]에 대해서도 발표했다.

한양대 의대 교수 신영전은 제주 4·3 제73주년 기념 학술대회(2021)에서 「제주 4·3 속 의사를 찾아서」라는 제목 연구를 발표하였다.

대한의사협회 제40대 회장인 최대집은 서북청년단의 정신

---

10. 2009년 설립된 비영리 민간단체. 사회적 약자의 건강권 증진, 인권에 기초한 건강한 사회 실현을 위해 연구와 교육 등의 활동, 국가폭력 피해자 등 인권 피해자 치유를 위한 다면적 의료 지원 활동 수행
11. 4·3 희생자 및 유족의 명예회복을 위한 정책간담회, 2012
12. 제주4·3 트라우마센터 건립의 필요성과 과제, 2013
13. 제주특별자치도 인권보장 및 증진조례제정을 위한 정책토론회, 2013
14. 『제주4·3 해결을 위한 연구과제』 연구용역보고서, 연세대 산학협력단 2015
15. 『제주4·3 트라우마센터 정책자문』 제주43평화재단, 연세대 산학협력단 2016
16. <제주4.3 평화·인권교육> 제주교육청 2017
17. <2022 4·3 Trauma Healing Forum-국가폭력 트라우마 그리고 자유> 제주특별자치도, 제주4·3평화재단 2022

제주 4·3 67주기 기념 토론회. 인권의학연구소 임채도 사무국장이 토론 참여, 2015

을 계승한다는 '자유개척청년단' 대표를 역임하였다. 대한의사협회의 회장은 회원들의 직선으로 선출한다. 최대집 같은 극우 인사가 직선 회장에 선출되었다는 사실로 의사 사회 분위기가 드러난다. 폭력적인 학살자의 모습에 대한 몰이해에서 비롯된 비극이라 하겠다.

 제주 4·3 사건뿐만 아니라 해방과 한국전쟁을 거치면서 우리나라에서 발생한 대학살 과정에서 의료계가 어떻게 대응했는지 그리고 의료계 인사들이 어떻게 희생되었는지에 대해서도 연구와 정리가 필요하다.

4·3 기간 제주 의료인들의 희생과 피해

마지막으로 4·3항쟁 기간 제주 의료계의 피해와 희생을 다음의 [표 13]으로 총괄 정리한다.

4·3을 전후하여 의료계에서는 강황렬, 김시탁, 김표길, 이승호, 장시현, 좌창림, 강○보, 김○려, 김○학, 부○평, 이○송, 이○진, 오○옥, 장○보 등 최소 14명의 의사를 잃었다. 중앙의원, 제중의원 등 병원 건물이 군 당국에 징발 당했다.

도내 유일한 약제사로 도립병원 약제과장이었던 김두봉은 무장대에서 활동하다가 체포된 후 처형되었다.

한약방을 운영하던 이완영, 김○년, 김○범, 김○하, 신○탁, 이○삼 허○욱, 현○조 등 최소 8명의 약종상이 희생되었다.

침술업을 하던 김○순도 총살당했다.

약종상 정인식, 김○만, 양○원, 침술업 강팽성, 부홍현, 간호사 고옥순 등이 경찰에 끌려간 후 행방불명되거나 형무소 복역 중 행방불명되었다.

그 외에도 병원이나 약방에서 근무하던 많은 직원이 희생되거나 행방불명되었다.

구금되어 고문을 받다가 풀려난 경우도 한둘이 아니었다. 생명의 위협을 느껴 육지나 일본으로 피신하는 사람도 많았다.

의사 오창흔, 최정숙, 산파 한려택 등이 제주농업학교 천막 수용소에 구금되었다. 대동청년단 활동, 선무활동에도 적극적이었던 김대홍은 도립병원 원장 재직 중 제주 유지사건에 연루되어 고문을 받았다.
  의사 오창흔, 장시영 등은 부산으로 피신하고 약사 이경선, 산파 한려택 등은 일본으로 밀항했다.

1954년 한라산 통행금지령이 해제되었다. 하지만 기나긴 침묵의 시간이 이어지게 된다. 어떤 참혹한 일이 벌어졌는지 사람들은 알지 못했다.

[표 13] 4·3 기간 제주 의료인들의 희생과 피해

직종	이름	출생연도	출신마을	활동	피해 내용
의사	강황렬	1915	애월면 애월리		모슬포 알뜨르비행장에서 총살(1949.1)
	김표길	1910	애월면 하귀리	무장대 의료활동	1950년 3월 10일 해병대 산악지역 진압 작전 중 사망(1950). 1949년 사망했다는 의견도 있음
	김시탁	1911	조천면	건준 집행위원 조천면 인민위원회 문교부장	사망(1948)
	이승호	1913	제주읍 일도리	제중의원	예비검속 후 산지 앞바다 수장 학살(1950)
	장시현	1916	애월면 애월리		예비검속 후 정뜨르비행장에서 학살(1950)
	좌창림	1910	애월면 곽지리	인민위원회 보건후생부장 민전 사무차장 겸 선전부장 도립병원 근무	1947년 3·1 사건 이후 수배로 도피하다가 체포(1948) 1948년 12월 5일경 농업학교 구금. 12월 7일 학교 인근에서 총살(1948)
	강O보		제주읍 어도리	한의사	모함에 의해 오라리 '중댕이굴'에서 총살(1949.1)
	김O려		조천면 조천리	부산에서 의사생활 하다가 부친상으로 귀향	1948년 12월 군인에게 끌려감 군법회의 내란죄 징역5년, 목포형무소 수감 중 옥사(1949)
	김O학		한림면 금등리	한의사/농업	예비검속 후 섯알오름에서 학살(1950)
	부O평		조천면 북촌리	남원리에서 의원 운영	무장대에 피살(1948)
	오O옥		대정면 일과리	무장대 의료활동	1949년 7월 2일 군법회의 징역 15년 선고. 부산형무소에서 옥사(1950.10.19)
	이O송		제주읍 오라리	의대 졸업 후 귀향	토벌대에 총살(1948.12)
	이O진		한림면 청수리	오라리에서 한의원 운영	오라리 배고픈다리에서 토벌대에 총살(1948.12)
	장O보		조천면 조천리	한의사	1949년 2월 3일, 모함에 의해 11명이 집단 학살 당함

직종	이름	출생연도	출신마을	활동	피해 내용
의사	김대흥	1910	구좌면 세화리	대동청년단 활동 도청 보건계장 도립병원장	제주도유지사건(1950) 고문 당함
	안영훈		조천면 조천리	김용철 고문치사사건 부검 참여	1949년 6월 2일, 징역 1년에 집행유예 3년
	장시영	1922	제주읍	김용철 고문치사사건 검시 참여 장시현의 동생	면허 정지(1947) 위협을 느껴 부산으로 피신(1948)
	최정숙	1902	제주읍	항일운동으로 징역 제주읍부녀회 회장	농업학교 천막수용소 구금 후 석방(1948)
	(미상)			제주도립병원 의사	1947년 8월 구금 후 석방
약제사	김두봉		제주읍	도립병원 약제사 남로당 총무부장 무장대 활동	제주농업학교 천막수용소 구금 후 학살당한 것으로추정 (1948)
	이경선	1914	대정면	항일운동으로 징역 3·1 사건 활동	3·1 사건으로 구금(1947) 일본으로 피신
약종상(약상)	이완영	1910	제주읍 외도리	한약방/마을구장	5.10 선거 방해 혐의로 벌금 1만 원(1947) 1949년 7월 1일 군법회의에서 무기징역 선고 마포형무소에서 옥사(1950) '이완영 일가족 몰살 사건'
	김○하		제주읍 노형리	한약방	토벌대에 학살(1949.2)
	김○년		제주읍 노형리	한약방	토벌대에 학살(1948.12)
	김○범		제주읍 도련리	한약방/마을구장	경찰에 총살(1948.12)
	신○탁		제주읍 화북리	한약방	경찰에 총살(1947.1)
	이○삼		한림면 한림리	한약방	예비검속 후 섯알오름에서 학살(1950)
	허○욱		제주읍 화북리	한약방	경찰에 총살(1949.1)

직종	이름	출생연도	출신마을	활동	피해 내용
약종상(약상)	현O조		제주읍 노형리	한약방	무장대에 피살(1949.1)
	김두만	1920	대정면 동일리	김두봉의 동생	1949년 11월 26일 국가보안법 위반으로 징역 1년 6월 언도 받고 목포형무소 복역 중 행방불명
	정인식	1923	제주읍 오등리		1949년 7월 1일 군법회의에서 무기징역 선고 마포형무소에서 복역. 한국전쟁 후 출옥, 행방불명
	양O원		제주읍 노형리	일본에서 귀국	1948.12.7. 군법회의에서 징역 15년 선고. 대구형무소 복역. 한국전쟁 후 행방불명
간호사	고옥순	1930	제주읍 봉개리	도립병원 근무	1948년 12월 군법회의에서 징역 5년 선고 서대문형무소 복역하다가 한국전쟁 후 출옥. 행방불명
	김순자		제주읍 이호리	무장대 의료활동	무장대 활동 중 체포(1952)
	(미상)			도립병원 근무	강제결혼
	(미상)			도립병원 근무	1947년 8월 구금 후 석방
산파	한려택	1898	제주읍	제주도부녀회 회장	농업학교 천막수용소 구금(1948) 일본으로 피신
침구업(침술)	김O순		서귀면 서홍리		1948년 12월 19일경 정방폭포 부근 소남머리에서 총살
	강성렬		표선면	남로당 표선면 위원회 제주 청년동맹 조직부장 무장대 활동	무허가 집회 및 불온한 격문을 붙인 혐의로 체포, 징역 6월(1946) 3·1 사건 및 총파업 관련 으로 징역 10월(1947)
	강팽성	1909	서귀면 법환리	민청 중문면 위원장	중문리 사건으로 징역 7월 복역(1947) 토벌대에 끌려간 뒤 행방불명(1948.10)
	부홍현	1920	제주읍 화북리		1949년 7월 1일 군법회의에서 무기징역 선고. 마포형무소에서 복역. 한국전쟁 후 행방불명

직종	이름	출생연도	출신마을	활동	피해 내용
병원 근무	문O호		제주읍 봉개리	병원 근무	토벌대에 학살(1948.9)
	윤O전		조천면 북촌리	제중의원 근무	1949년 6월 29일 군법회의 사형선고
	한O섭		조천면 함덕리	회춘의원 근무	토벌대에 총살(1948.11)
	김기공		제주읍 외도리	병원 근무	1949년 7월 1일 군법회의에서 무기징역 선고 마포형무소에서 복역. 한국전쟁 후 출옥
	문O민		제주읍 용담리	문의원 근무	1948년 5월 대동청년단원에 연행. 마포형무소 수감 중 한국전쟁 발발 후 행방불명
	문O우		제주읍 삼도리	문의원 근무	1948월 12월 3일 재판에서 20년 형 선고. 인천형무소 복역 중 한국전쟁 발발. 행방불명
	부O전		조천면 북촌리	의사 보조	토벌대에 연행된 후 행방불명(1949.4)
	이O수		조천면 북촌리	제중의원 근무	경찰 구타 혐의로 징역 6월 집행유예 3년
	이O출		제주읍 오라리	도립병원 수습	1949년 7월 4일 군법회의 징역 7년 선고. 대전형무소 수감 중 행방불명
	현승균		남원면 위미리	병원 근무 민청 남원면 위원장 3·1기념준비위원회 부위원장	3·1 사건으로 징역 6월 집행유예(1947)
기타	고O옥		조천면 와산리	약국 근무	선흘리 밴댕듸굴에서 토벌대에 총살(1948.11)
	이O배			치과업	예비검속 섯알오름 학살(1950)
	고신종		조천면 와흘리	무장대 의료 활동	무장대 활동 중 체포(1952)

* 표 안에서 진한 바탕색 표시는 당시 사망이 확인된 사례

여는 글

진혼과
치유를 위하여

　현기영의 소설 『순이삼촌』을 대학 입학 후 제주 향우회 모임에서 처음 읽었습니다. 전두환 정권 시절이던 그때 이 책은 금서였습니다. 자취방에 몰래 모여 같이 토론하던 기억이 지금도 생생합니다.

　한참 지나서는 재일 작가 김석범의 『화산도』가 한 권의 책으로 나와 읽었습니다. 그 후에도 4·3 구술 기록들이 나오면 찾아 읽곤 했습니다. 우리 세대는 4·3을 직접 겪지는 않았지만, 포연이 자욱한 전쟁터 같은 곳에서 자라는 느낌을 받곤 했습니다.

저의 큰아버지는 동굴에 피신했다가 학살당하셨고 같이 희생된 분과 영혼결혼식을 올리셨습니다. 작은할아버지는 위험을 느껴 산으로 피신하던 도중 학살당하셨습니다. 작은할아버지네 가족은 살아남기 위해 일본으로 피신 갑니다.

4·3의 기억을 밖으로 꺼내는 것조차 금지당한 시간이 길었습니다. 부모님 세대는 대학살의 트라우마를 감내하면서 공동체 복원을 위해 혼신의 노력을 다하셨습니다. 제삿날이면 쌓였던 소회들이 드러나곤 했습니다. 할머니는 당신이 겪었던 마을 사람들에 대한 경찰의 잔인한 학살을 얘기하곤 하셨습니다.

마을 근처 냇가에서 할아버지와 함께 학살을 목격했던 아버지는 4·3 첫 유해 발굴 현장에서 당시를 증언하셨습니다. 생전에 제주공항 유해 발굴 얘기를 하시며 약간 흥분하시던 모습도 떠오릅니다.

4·3 희생자 3만여 명과 가족, 그 후손들은 저와 비슷한 사연들을 안고 살아왔습니다. 지금도 그렇게 삽니다. 제각각의 사연이지만 우리 모두의 사연이기도 합니다.

지난겨울 대하소설로 나온 『화산도』 12권을 모두 읽고 당시 제주 의료인들의 모습을 재구성해 보려고 마음먹었습니다.

제주 지역사회의 지도층이었던 극히 적은 수의 의료인들도 격랑을 피하지 못했습니다. 해방 후 새로운 사회 건설을 위해 정치활동에 적극 뛰어들거나 묵묵히 진료 현장을 지켰습니다. 학살을 당하기도 하고 육지나 일본으로 피신하기도 했습니다.

이 책은 제주 의료인에 관한 기록이면서 4·3 기록입니다. 저 개인과 가족사를 되돌아보는 시간이었습니다. 4·3 희생자의 진혼과 생존자 치유에 조금이나마 보탬이 되는 글과 책이 되기 바랍니다.

이 책이 세상에 나오기까지 많은 분의 도움을 받았습니다. 절판된 책들을 하나씩 구하기 위해 이리저리 수소문해야 했습니다. 자료를 모으는 작업도 어려웠고 정리하는 작업도 수월치 않았습니다. 이를 도우며 함께 애써주신 여러 선생님들께 이 지면을 빌어 감사 인사 드립니다.

2025년 8월

백 재 중

참고문헌

- 고경호「일제강점기 제주지역 의료인의 활동 연구」석사학위 논문, 제주대학교대학원 사학과, 2021
- 김종민, 하상희, 강남규『4·3 피해자 회복탄력성 연구』제주연구원, 2019
- 김찬흡「제주인물 대하실록」『제주일보』
- 김창후「〈넬슨 특별감찰보고서 : 제주도의 정치상황〉에 나타난 제주도지사 유해진」『제주도연구』제17집, 2000
- 문소연, 허영선, 박재형, 박찬식, 김창후『20세기 제주를 빛내 여성들』제주학총서55, 제주학연구센터, 2021
- 박인순「미 군정기 제주도 보건의료 행정 실태」『제주도연구 제19집, 2001.6
- 박찬식「제주 4·3사건 관련 행형자료와 형무소 재소자」『탐라문화』40호 2006
- 박찬식「1947년 제주 3·1 사건 연구-집회와 총파업 주도세력을 중심으로」『한국사연구』132호, 2006
- 박찬식「제주 4·3사건 당시 대중운동과 무장투쟁」『한국근현대사연구』제84집, 2018
- 양정심「제주4·3항쟁 연구」박사학위 논문, 성균관대학교 대학원 사학과, 2005
- 역사문제연구소『제주 4·3 연구』역사비평사, 1999
- 이정숙「제주 4·3항쟁과 여성의 삶에 관한 연구」석사학위 논문, 성균관대학교 교육대학원, 2004
- 정태무『제주의 현대의학-여명기 50년의 역사』한일문화사, 1987
- 『제민일보』4·3취재반「4·3은 말한다」①-⑤
- 제주도경찰국『제주경찰사』1990
- 제주도의사회『제주도의사회 60년사 1945-2005』2006
- 제주4·3사건진상규명및희생자명예회복위원회『제주 4·3사건 진상조사 보고서』2003
- 제주4·3사건진상규명및희생자명예회복위원회『제주 4·3사건 자료집1-11』

- 제주4·3연구소『4·3구술자료총서』한그루, 2010-2011
- 제주 4·3평화재단『제주 4·3 바로 알기』2016
- 제주 4·3평화재단『제주 4·3사건 추가 진상조사 보고서I』2019
- 제주 4·3평화재단『제주 4·3사건 추가 진상조사 자료집』2021
- 제주 4·3평화재단『제주 4·3사건 추가 진상조사 자료집-미국자료1-5』2021
- 제주 4·3평화재단『제주 4·3 70년 – 어둠에서 빛으로』2017
- 제주도, 제주도여성특별위원회『시대를 앞서 간 제주 여성』제주여성사 자료총서VI, 2005
- 제주도, 제주학연구센터『일제하 신문 제주기사 자료집』제주역사자료총서5, 2017.11
- 제주도지편찬위원회『제주도지』제5권, 제주도, 2006년 5월
- 제주발전연구원『일제강점기 제주여성사II』2011
- 제주발전연구원『일제강점기 제주지방행정사』2009
- 조정희「한국전쟁 발발 직후 제주지역 예비검속과 집단학살의 성격」문학석사 학위논문, 제주대학교 대학원 사회학과, 2013
- 진실화해를위한과거사정리위원회『2010년 상반기 조사보고서』제4권, 2010
- 진실화해를위한과거사정리위원회『제주 예비검속 사건 (섯알오름)』2008
- 진실화해를위한과거사정리위원회『제주 예비검속 사건 (제주시, 서귀포시)』2010
- 천주교인권위원회「제주지역 출신 조작 간첩 사례 요약」인권자료, 1993.11.6.
- 허영선「제주 4·3 시기 아동학살 연구-생존자들의 구술을 중심으로」석사학위 논문, 제주대학교 대학원 한국학협동과정, 2006
- 허호준『4·3 기나긴 침묵 밖으로 19470301-1540921』혜화1117, 2023

지은이 **백재중**

의사. 저서 『일본의 재택의료』 『지원주택과 의료』 『공공의료 새롭게』 『팬데믹 인권』 『여기 우리가 있다』 『자유가 치료다』 『의료협동조합을 그리다』 『삼성과 의료민영화』와 공저 『인권의학 강의』 『다른 의료는 가능하다』

제주 4·3과 의료인들

초판 1쇄 펴내는 날 2025년 8월 15일
지은이 백재중
만든이 조원경 황자혜 박재원 김상훈
펴낸이 이보라   펴낸곳 건강미디어협동조합
등록 2014년 3월 7일 제2014-23호
주소 서울시 중랑구 사가정로49길 53
전화 010-2442-7617   팩스 02-6974-1026
전자우편 healthmediacoop@gmail.com
ISBN 979-11-87387-47-3 03910   값 16,000원